青春文庫

日本人の9割が知らない

日本の作法

小笠原清忠

青春出版社

はじめに――本来の「日本の作法」は、動きに無駄がないから美しい

日本の伝統的な作法というと、年中行事や儀式における堅苦しくて窮屈な動作や、飲食の際のテーブルマナーのようなものを連想されるかもしれません。

たしかに、現代の作法やマナーは、日常の立ち居振舞《ふるま》いよりも、しつけやたしなみに重点が置かれるようになりました。

しかし、古来、鎌倉時代から八百年もの間、武家を中心に連綿と伝わる日本の伝統作法・小笠原流礼法では、「立つ」「歩く」「座る」というふだん何気なく行っている姿勢や動作が、最も大切な作法の基本として位置づけられてきました。

諸大名や上級武士たちに殿中での振舞いを指導する礼法として、様々な約束事が生まれましたが、基本的には武士がお上を守るため、ふだんの生活の中で足腰を鍛える鍛錬法でもあったのです。

この「身体作法」の視点が、いつの間にか日本人の作法から失われ、筋肉の動きに反しない、無理のない自然な体づかいや物の扱い方などが、家庭でも学校でも教えられない状況になりました。

例を挙げてみましょう。

最近の若者を観察していると、首を前に出し、上体を前にかがめて歩いている人を多く見かけます。その姿は、まるでゴリラが歩いているかのようです（ゴリラは人間と違って、肩の骨が前についているからです）。

問題は、見た目が美しくないばかりではありません。聞けば、必ず「肩凝り」か「腰痛」を持っています。私よりずっと若いのに、疲れやすく、いつもダルいと訴えます。

なぜでしょうか。デスクワークが増えた現代の日本人は、長い間椅子《いす》に座ってパソコンに向かっているうちに、いつしか上体を前にかがめています。前かがみの姿勢は腰や肩によけいな力がかかり、さらに、胸をすぼめるような姿勢から、内臓が圧迫されて呼吸が浅くなってしまうのです。

呼吸が浅ければ、当然酸素を十分に体内に取り込むことはできません。酸素は体の諸活動の源になるものですから、体内に酸素が足りなくなれば、体が思うように動きませんし、疲れやすくもなるというわけなのです。

正しい姿勢や歩き方については本文で詳しくふれますが、体の一部によけいな負荷をかけない姿勢ならば、肩凝りや腰痛などの症状は出にくくなります。体が本来持っている機能通りに効率よく体を動かせば、全身バランスよく無理なく体力を維持できます。

さらに、無駄のない、バランスが取れた姿勢や動きは、他人から見ても美しく映る。いわば、実用的、効率的、かつ美しいという、三拍子そろっているのが、この小笠原流の作法の特長です。

かつての武士は、ジムに通って体を鍛えたり、とくにスポーツや運動をしなくても、筋力や体力は現代の我々よりずっとありました。それは比較できないほど生活が不便だったからというだけではありません。日常生活そのものが体を鍛えることにつながっていたのです。

武士の作法として正しい「立つ」「歩く」「座る」という動作が足腰を鍛え、健康な体を培ってきたのです。

❖無駄のない動きは美しい

和室で襖《ふすま》や障子を開けるとき、あなたはどうするでしょう？

引き手に両手を添えて開けることが正しいマナーだと思っていませんか。

ところが体の筋肉の働きや物の機能を考えれば、両手で開けることは理にかなっていないことだとわかります。

引き戸である襖を左から右へ開ける際に、両手で開けようとすると、引き始めでは右手の上腕部の筋力を使い、体の中央を過ぎると、逆に左手の上腕部の筋力を使うことになります。

すると、襖には斜めに曲がった力が加わり、しだいに襖はゆがんでしまいます。

まずは左手で襖を開け、体の正面で手を替えて、右手で開くというのが、腕の筋肉に沿った無駄のない動きであり、物を大切にする所作でもあるわけです。

これが古来の作法と形式的なマナーやエチケットとの違いです。

マナーやエチケットは、あくまで心遣いで、筋肉の働きや物の機能を理解しなくてもすむ場合もありますが、小笠原流礼法では、しぐさや動作に科学的、合理的な裏づけがあったからこそ、過去八百年もの長い年月、廃《すた》れることなく受け継がれてきたといえるでしょう。

和室を移動する際に敷居を踏まないというのも、敷居と柱が日本建築を支えている要《かなめ》だからです。

歩くたびに敷居を踏んでいると、敷居はゆるみ、天井も下がってきます。物の機能を損なわないように、また体の必要最低限の機能を使うことが、結果的に実用的で美しい動きにつながるのです。

立ち居振舞いについても、同じことがいえます。

時代劇で羽織袴《はおりはかま》を着た武士が、畳の上を摺《す》り足のように小さな歩幅で歩いているのを見たことがあると思います。あれも、着物の裾を乱さない美しい歩き方であると同時に、常に重心が両足の中央に乗った効率のよい歩き方なのです。

❖反動をつけて「よっこいしょ」と立つみっともなさ

次のページのイラストを見てみてください。

①のように、手を添えた膝《ひざ》を杖にし、体に反動をつけて「よっこいしょ」と立ち上がる人がいますが、着物の裾《すそ》が乱れてめくれてしまうことさえあり、大変見苦しいものです。

ところが、②のように、腿《もも》の筋肉を使って、真っすぐ上に立ち上がれば、着物は体に添い、裾が乱れることはありません。

さらに、体に反動をつけた動きは、体が前後にグラついて物を落としやすい。ひいては物を大切に扱わないことにもつながります。

衣服の乱れや粗相の問題だけでなく、動きも「よっこいしょ」よりは、②の方法のほうが動きに無駄がなく、スムーズで美しいはずです。

このように、無駄のない機能的な動きが、見た目にも美しいことがもうおわかりでしょう。

①一般の立ち上がり方

②小笠原流

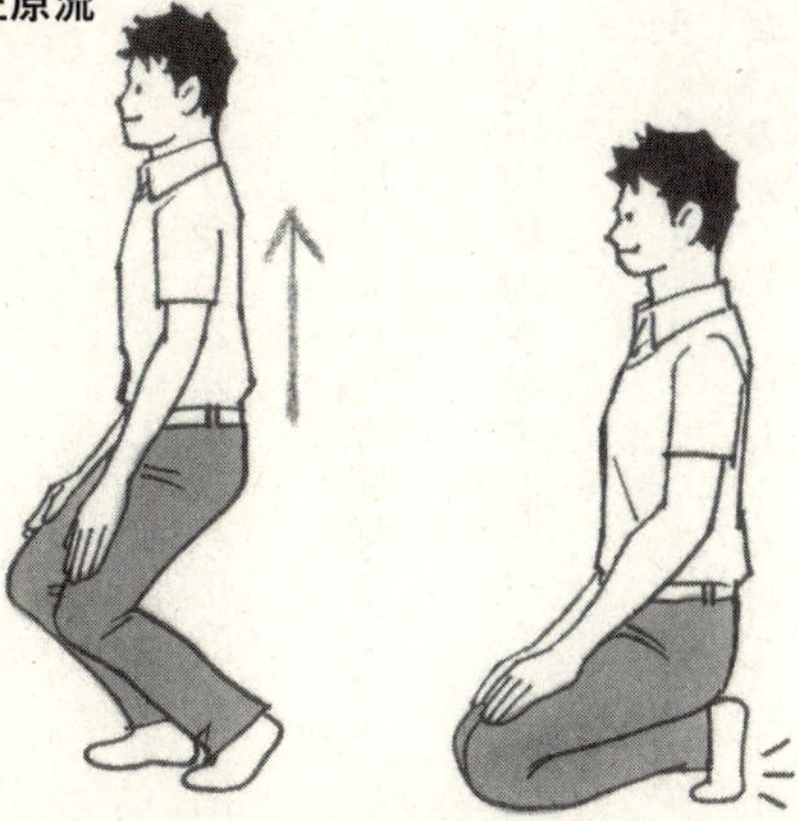

①のように膝に手をついて反動で立ち上がるのに比べ、②のように、腿の筋肉を使って上体を浮かすようにしたほうが重心は前後にぶれない。また着物を着ている場合は裾前が乱れない。

古来、日本人は身のまわりの自然環境に対して衣服や住居などを調和させることで、そこに美しさを見出してきました。

四季折々の季節感を生活の中に取り入れることに長《た》けています。初夏には衣替えが行われ、住まいも装いも夏向きに変えます。移り変わる四季を楽しみ、生活を調和させていくという独自の感性を持っています。

この「調和の美」を求める心は、立ち居振舞いにおいても同様です。まず、周囲との調和を大切にします。

無駄を省き、そのときに一番ふさわしい効率的な動きをすると、それが見る人には美しく調和が取れているように感じられます。

無駄がないということは、実用的ということでもあります。

一つひとつの行動をどうすれば無駄を省けるか、長い年月をかけて「実用の合理・無駄の省略・調和の美」、すなわち「実用・省略・美」を追究し、必要な約束事だけを残したものが本来の日本の作法といえるものなのです。

❖「呼吸を合わせる」動きが人を引きつける

お辞儀というと、ただ頭を下げることだと思っている人がいます。ペコリと頭だけ下げたお辞儀を見ると、形だけで心がこもっていない印象を受けますね。背中を丸めたお辞儀も同様に心に響きません。

また、深々とお辞儀をされるのですが、そのあとスーッと顔を上げるのが早い人もよく見かけます。

高級といわれる旅館や販売店でさえ例外ではありません。本人は丁寧な礼をしているつもりなのですが、上体を起こすのが数秒早いというだけで、相手にはおざなりな印象を与えてしまいます。

これも、礼を「お辞儀は○秒かけてする」といった〝マニュアル〟で覚えていて、合理的な体の使い方という「身体作法」の基本を理解していないから起こることなのです。

ためしに、ゆっくり息を吸いながらお辞儀をし、吐く息だけその姿勢でとどまり、また息を吸いながら起き上がってみてください（これを「礼《れい》三《み》息《いき》」といいます）。

呼吸は誰でもおよそ一定ですから、わざわざ時間を数えたりしなくても、呼吸に合わせてお辞儀をすれば、上体を倒す時間と起こす時間は同じになります。おのずと、ゆったりとしてスムーズな礼になるのです。

なめらかで、かつ美しい動作をする秘密は、動作に呼吸を合わせるのではなく、呼吸に動作を合わせることです。

動作をするときに吸う。止まっているときに吐く。

すると、一定のリズムで自然な動きとなり、見た目にも美しく映えることになります。**呼吸に合った動作は疲れにくく、効率のよい動きでもあります。**

正しい作法は後ほど詳しく紹介しますが、みなさんもご存じのように、礼をする相手が上の立場の人と下の立場の人ではお辞儀の深さは違いますね。相手が来客や上司など、上の立場の人に対してはお辞儀は深く、下の立場の場合はお辞儀は浅い。お辞儀の深さで敬意を表します。

こんなとき、ともすると片方のお辞儀（一般に深い礼）が終わらないうちに、もう一方のお辞儀（浅い礼）は起き上がっていたりします。

相手の呼吸にお辞儀の動作を合わせる

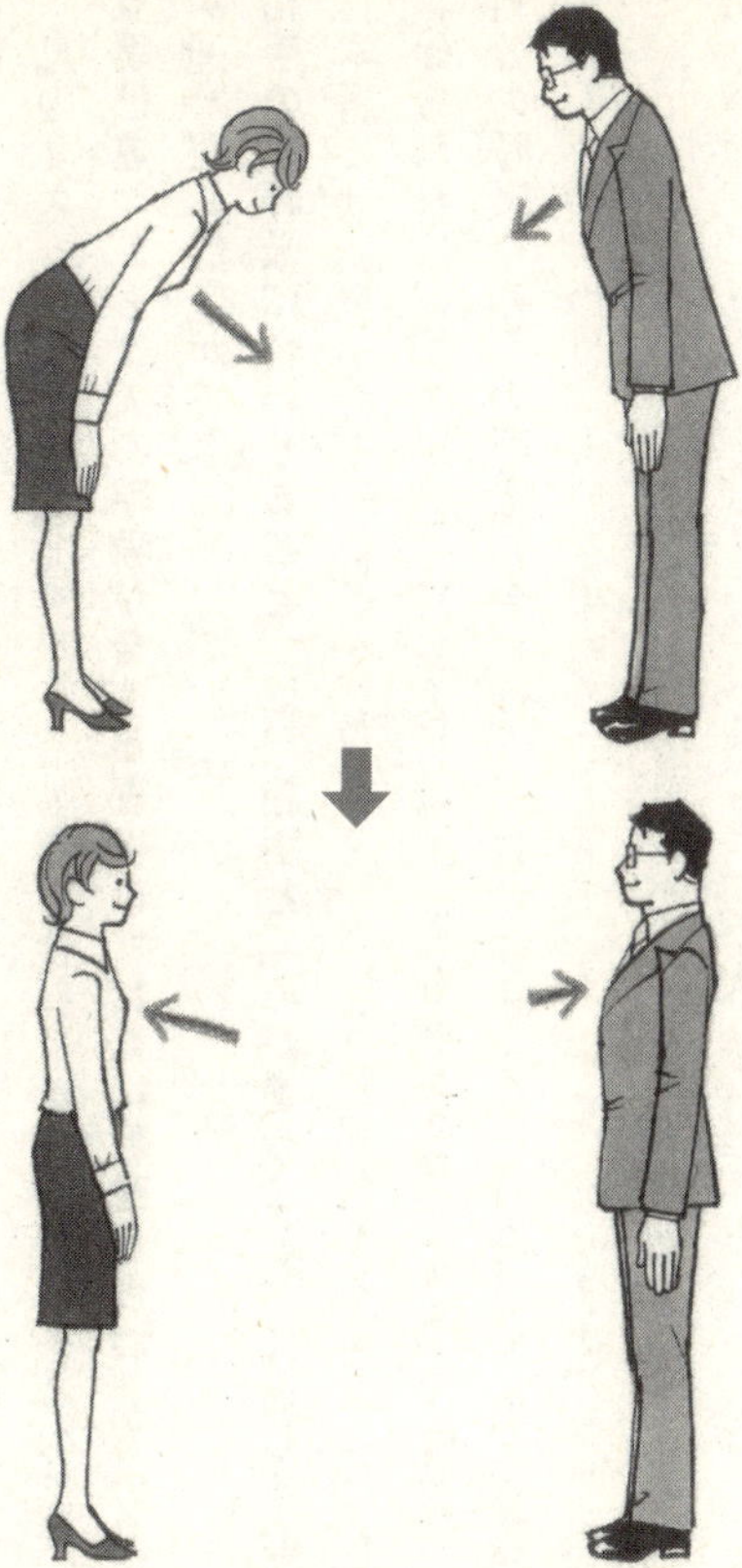

ゆっくり息を吸いながら屈体し、吐く息の間とどまり息を吸いながら起き上がる（礼三息）。
相手の呼吸に合わせれば、お辞儀の角度は違っても（深い礼でも浅い礼でも）、同じタイミングで上体を起こすことができる。

しかし、相手に呼吸を合わせれば、お辞儀の角度は違っても、時間は同じ。同じタイミングで上体を傾け、同じタイミングで上体を起こすことができます。

相手が背の高い人でも低い人でも、太っている、やせているも関係なく、吸う息・吐く息のリズムはほぼ一定ですから、動作を合わせることができるのです。

立場は違っても二人の呼吸が合うから、まさしく「息が合う」。かたちだけでなく、心が通ったお辞儀ができるわけです。

相手の「呼吸に合わせること」は、相手と「心が通うこと」に通じるのです。

日本語には「息が合う」「息を合わせる」という言葉があるように、相手に呼吸を合わせられれば、「この人とは気が合うな」と好印象を持ってもらえます。

自分の呼吸を相手の呼吸に合わせる。目には見えない行為ですが、それだけで、ひそかに人を引きつけ、人望を集めることもできるようになります。

ちなみに、「呼吸に動作を合わせること」が大切な基本となるのは、歩くときも同様です。

吸う息で一歩、吐く息で一歩と合わせることで、無駄な動きや力の入らない、自然な歩行となります。

呼吸に沿った動作、しぐさを身につけることによって、人とのコミュニケーション能力まで高めることができるでしょう。

❖「間《ま》」が敬意を表す

「間《ま》が悪い」「間が合わない」「間を取る」「間抜け」などという言葉もあるように、日本人は「間」を重視してきました。

さて、この「間」とはいったい何のことなのでしょう。

「間」とは「間柄」「間合い」でもあり、それはまさに距離感、タイミングに表されるものです。

たとえば、日本の作法では、目上の人に対しては、その間柄に見合うだけの距離を置きます。

小笠原流礼法では、目上の人とすれ違う（行き逢う）とき、左側に避けて相手を待ち、相手が通過するまで礼をします。左側に避けるのは、向かって左側が下座だからで、自ら下座に退くことで、相手に上座を譲るためです。

このように、体の動きによって相手との「距離感」や「位置関係」を伝えることができるわけです。

おそらく、日本の文化や礼儀作法をまったく知らない外国の方であっても、このような間合いを取って、自分が通過するのを待っている相手の姿を見たとき、自分に敬意を表していることはすぐにでも理解されるでしょう。

相手と自分の位置を見れば一目瞭然。相手との「間」を考えた身体作法には、言葉に出さなくても伝わる敬意が込められているのです。

日本人の9割が知らない　日本の作法——目次

第一章　失われた日本人の「美しい立ち居振舞い」

立つ

歩く

第二章　やってはいけない「訪問・来客」の作法

相手とすれ違う、通りすぎる

訪問・来客応対の作法

ビジネス・シーンの作法

第三章　「正しい作法で食べると健康になる」日本人の知恵

和食の作法

本文イラスト　池田須香子
本文図版デザイン・DTP　センターメディア

第一章

失われた日本人の「美しい立ち居振舞い」

では、「立つ」「歩く」「座る」といった基本の作法から説明していきましょう。

歩き方ひとつとってみても、「歩き方、十年」といわれるほど本来は難しいものです。小笠原流礼法の稽古では、必ず歩く動作から始めるのですが、初心者はたいてい一日目で太腿《ふともも》が筋肉痛になるなどして悲鳴をあげます。

現代、多くの日本人が腿《もも》を使わず、膝《ひざ》を曲げて歩いているからです。

体の重心を真ん中に置いて軸がぶれないよう、腿の筋肉を使って歩く歩き方は、慣れないうちは、かえって辛《つら》いと思われるでしょう。しかし、続けるうちに、今まで使ってこなかった筋肉が徐々に鍛えられ、全身のバランスが取れてきて、いつしか疲れにくい体に変わっていきます。

小笠原流礼法の実技指導を受けた方々からは、「印象が変わった」「姿勢がよくなって美しくなった」と人に言われるようになったり、「動きが優雅になった」という声だけでなく、「長時間立っていても平気になった」「長年の肩凝りや腰痛が治った」という意外な効果まで聞かれるゆえんです。

立つ

❖品格ある人の「美しく見える」秘密

初対面で背筋がピンとした人に出会うと、ただ立っているだけなのに、「この人、どこか品があるな」「立派な人だな」という印象を持ちませんか。

逆に、立ち姿がフラフラと安定していなかったり、背中が曲がっている人は、どんなに高価な服装で、きちんとした言葉づかいで話しても、なぜか貧相な印象を残してしまうものです。

美しく見える秘密は、体の「重心」です。頭のてっぺんから足の土踏まずの前まで、体の中心を真っすぐ一本の線が通っているかどうかということです。

立つというと、単に二本の足で体を支えることだと思っている方も多いかもしれませんが、実際に体を支えているのは足の力だけではありません。

人の体の中心には、脊柱《せきちゅう》（背骨）という大きな軸が通っています。軸である脊柱が不自然に曲がった状態では、上体のバランスが崩れ、腰部や脚部などによけいな負荷がかかってしまいます。

そもそも人間が二足歩行をするようになったのは、脳の容積が増え、頭の重量が大きくなったために、首（頸椎）がその重さに耐えきれなくなったからだという説があります。重い頭を首だけでなく脊柱全体で支え、その脊柱を腰（骨盤）で支えるというのが、大きな脳を持った人間が負担なく動けるように身につけた、「立つ」という姿勢なのです。

重心がすべて一本の垂直線上に乗っているわけですから、体全体のバランスもよく、周囲からも美しく見えるのです。

体の中心に重心線が通った姿勢は、足や腰の各部にかかる負担が少ないうえに、内臓の諸器官への圧迫も最小限に抑えられています。また、重心の取れたバランスよい

いい姿勢が疲れにくい体をつくる

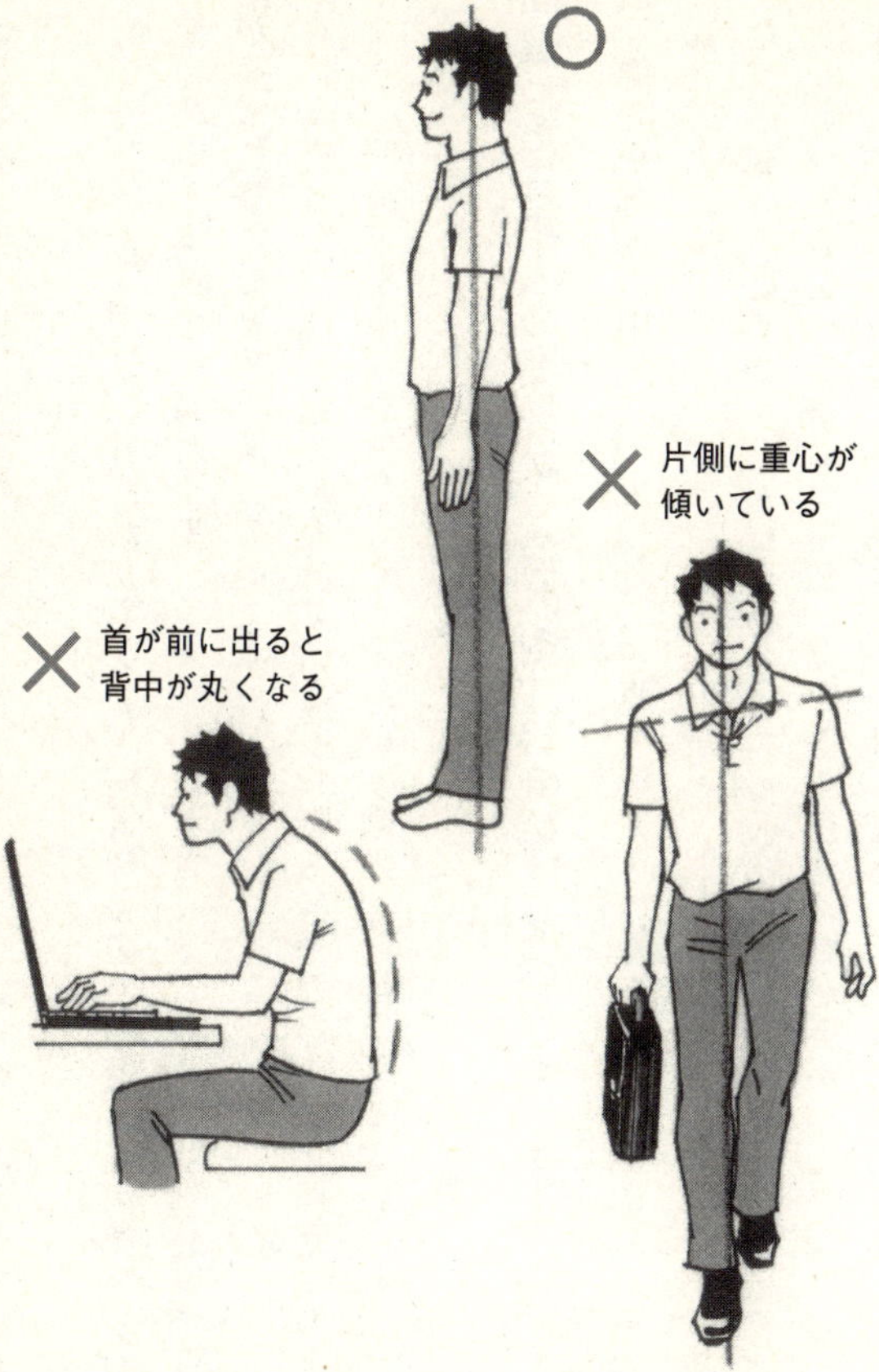
○
×片側に重心が傾いている
×首が前に出ると背中が丸くなる

体の中心に重心線が通った姿勢なら、膝や腰に負担をかけない上、腹筋や背筋を鍛えられる。

立ち姿からは、歩く、しゃがむ、跳ぶなど、どのような動きへもスムーズに対応できます。

姿勢が美しい人は、見た目ばかりでなく、病気知らずで健康な方が多いものです。

一流のスポーツ選手、舞踊家やダンサー、役者さんも、みんな自然体でありながら、背筋が通った優雅な姿勢を保っています。

さらに、真っすぐ芯が通った姿勢でいると、脳と各神経をつなぐ経路にもよどみがなくなり、明晰で柔軟な思考をもたらすという効果も期待できるといわれます。

❖間違った日本人の姿勢が「疲れやすい身体」をつくる

信号待ちや電車の中で立っている人を見ていると、左右どちらかに重心を傾けていませんか。

また、片側の肩にバッグをかけている人、片側の手に重い荷物を持っている人は、自分では真っすぐ立っているつもりでも、そちら側の肩が下がっていたりします。

このような人たちは、日ごろから常に片側に重心を傾けるクセがあるために、左右の体のバランスが崩れている恐れがあります。

ふだんからそのバランスに慣れてしまっているので、逆に真ん中に重心を置いて立つと違和感を感じたりするものです。

長年にわたって左右のバランスが崩れた動作を日常的に繰り返すと、肩凝りや腰痛の原因となる。そのために、ますます姿勢が悪くなって、よけいに肩凝りや腰痛がひどくなる……という悪循環にも陥りかねません。

背中を小さく丸めていたり、首を前に出して猫背になっている人もよく見かけます。本人はまったく気づいていませんが、もし目の前に鏡があるとすれば、鏡に映った自分の姿に、きっと逃げ出したくなるでしょう。

これは、他人事ではありません。とくにデスクワークが多い人は要注意です。長時間にわたって椅子に座っていると、どうしても前かがみになりがちです。また、パソコンの画面や書類をじっと見つめているために肩や首が凝りやすく、肩凝りのせいで猫背になっている人もいるでしょう。

背中が丸まった猫背の姿勢では、腹筋が弱って腰痛を引き起しやすいのです。猫背は内臓を圧迫する姿勢でもあるので、胃腸にも負担をかけてしまいます。

ためしに鏡の前に立ち、あなたの体の線をチェックしてみてください。

自然に立ってみたとき、正面から見て左右の肩が水平になっているか、首や腰が曲がっていないか、横から見て背筋が曲がっていないか、腹が突き出て体が反《そ》っていないか、胸が突き出て尻が出た出尻鳩胸《でっちりはとむね》になっていないか……など、まずは自分の姿勢のクセを知ることが、正しい姿勢を身につける第一歩になります。

❖「かかとをつけて立て」の間違い

では、体に無理なく、美しく見える姿勢とはどういうものかを説明します。

学校では、よく「つま先を開いてかかとをつけろ」と教わるようです。では、まずかかとをつけて立ってみてください。

そうすると重心がかかと寄りになって、体が反りやすくなってしまいませんか。

そこで両足を平行に踏んで、重心を土踏まずの前あたりにかけてみてください。

重心を土踏まずの前にかけると、重心を体の中央に安定させやすくなります。一般

に年を取ると、小指のほうに力がかかって膝が開きがちですから、老化防止にもなります。

真っすぐな姿勢で立てといわれても、なかなか真っすぐには立てないものです。そこで、あなたの後ろに柱があり、身長を測るつもりで立ってみてください。

この際、私は、

「耳が肩に垂れるように」

「あごが浮かないように」

「衿《えり》のすかないように」

と指導しています。

頭が前傾していると、耳は肩よりも後ろを向くでしょうし、衿足はすいてしまうでしょう。後傾していると、あごが浮いて、耳は肩より前を指しているはずです。この点に注意すると、耳が真っすぐ肩に垂れている状態が、うつむきすぎず、あごを出さない姿勢になります。

やってみるとわかりますが、この姿勢は腹筋・背筋をよく使います。しかし、これができると、体勢が非常に安定してくることを実感できると思います。背筋を使うことで、自然と尻をすぼめるようしたスッとした美しい姿にもなります。

また、首というのは、他の骨がない一番弱い部分です。その**首のまわりの筋肉が正しい姿勢でいるだけで鍛えられ、首凝りや肩凝りの症状が軽減します。非常に疲れにくいラクな体に変わるのです。**

歩く

❖疲れない美しい歩き方

はじめに紹介したように、「ゴリラ歩き」といって、首を前に落とし、前かがみになって腕を体の前で横に振って歩く若者がよく見られます。

パソコンをよく使用する人に多いのですが、体を前にかがめていると首が前に来るため、自然に手は体の前にきて横に振れてしまう。呼吸も浅くなる。そこで鎖骨のところを開くようにすれば姿勢が真っすぐになり、動きは一変します。

足を引きずるように歩く人も多く見受けられます。

前に出た足に重心を乗せて体を支え、かかとを次第に上げてきて、体の前に運びます。これが正しい歩き方だと勘違いしている人もいるようですが、後ろ足を引きずっていて、体の重心は前後左右に大きく揺れています。

つまり、それだけ無駄な動きが多いということです。

女性の中には、高いヒールを履《は》いているせいか、膝を曲げたまま歩いている人もいます。このような歩き方を続けていると、膝に負担をかけて故障の原因となるとともに、腰が後ろに引けてしまって、見た目も美しくありません。

ところで、「歩くとはどういうことですか?」と質問されたら、みなさんはどう答えますか。

答えはシンプルで、後ろの足を前に進めること。だから前の足に体重をかけておいて、後ろ足を引きずったりするというのは、本来とは違う動きなわけです。

重心を姿勢と同じく、常に体の中央に置いたまま後ろの足を前に出すのです。

とはいえ、これがやってみると、なかなか難しい。目をつぶって左足を軽く上げたあと、逆の右足を上げてみる実験をするとわかりますが、必ずどちらかは上げたときに安定せず不安を感じると思います。これがとっさのときに出る「利《き》き足」のようなもの。エスカレータに乗るときなど、自然に踏み出してしまうのはいつも同じ足のはずです。

生まれて初めて歩き出したときは、左右均等なバランスで足を上げられたはずなのに、生活しているうちに、いつの間にか均等に足を出せなくなっているのです。

そこで、重心を真ん中にして左右均等に足を真っすぐに出すコツを伝授しましょう。

まず、一本の線を真ん中にはさんで、両足を左右に広げて立ってください。

重心は真ん中に。そして両方の足を同時に均等に真ん中に寄せていきます。膝《ひざ》は使わず、腿《もも》で締める。これが基本の感覚です。

今度は足を一本の線をはさむようにして前後に広げ、重心を真ん中にしたまま後ろの足を前に出します。これができるようになれば、体が前後左右にぶれない状態で、真っすぐに歩くことができます。

繰り返しになりますが、そのとき膝に負担をかけてはいけません。「腿で歩く」という意識が必要です。腿をはさむようにお尻をすぼめるようにしてください。

こうすると、腿の筋肉といっしょに腹筋や背筋も使っていることが実感できると思います。

小笠原流礼法の稽古風景では、ゆっくり歩くだけで汗をかく人が大勢います。

歩くというのは、じつは全身運動なのです。

先ほども言ったように、年を取るとどんどん膝がゆるんできますが、正しい歩き方を身につけると、膝がゆるまず、常に腿の筋肉を鍛えることができます。

前の足に体重をかけて後ろの足を引きずるようにして歩いたり、高いヒールを履いてひざで歩いたり、腰を振ってモンローウォークのような歩き方では、このような全身運動にはならず、ましてやほかの筋肉をほとんど使いませんから、一見「ラクな歩き方」と思われるかもしれません。

けれども、全身の筋肉を怠けさせて使わないでいることは、決して本当の意味でラクな体をつくることにはつながらないのです。

なお、この小笠原流礼法の歩き方は、O脚、X脚などの矯正にも役立っています。

さらに「呼吸」に合わせて歩くことが大事です。

吸う息で一歩、吐く息で一歩、少し速く歩く場合には吸う息で二歩、吐く息で二歩、歩いてみてください。

歩く

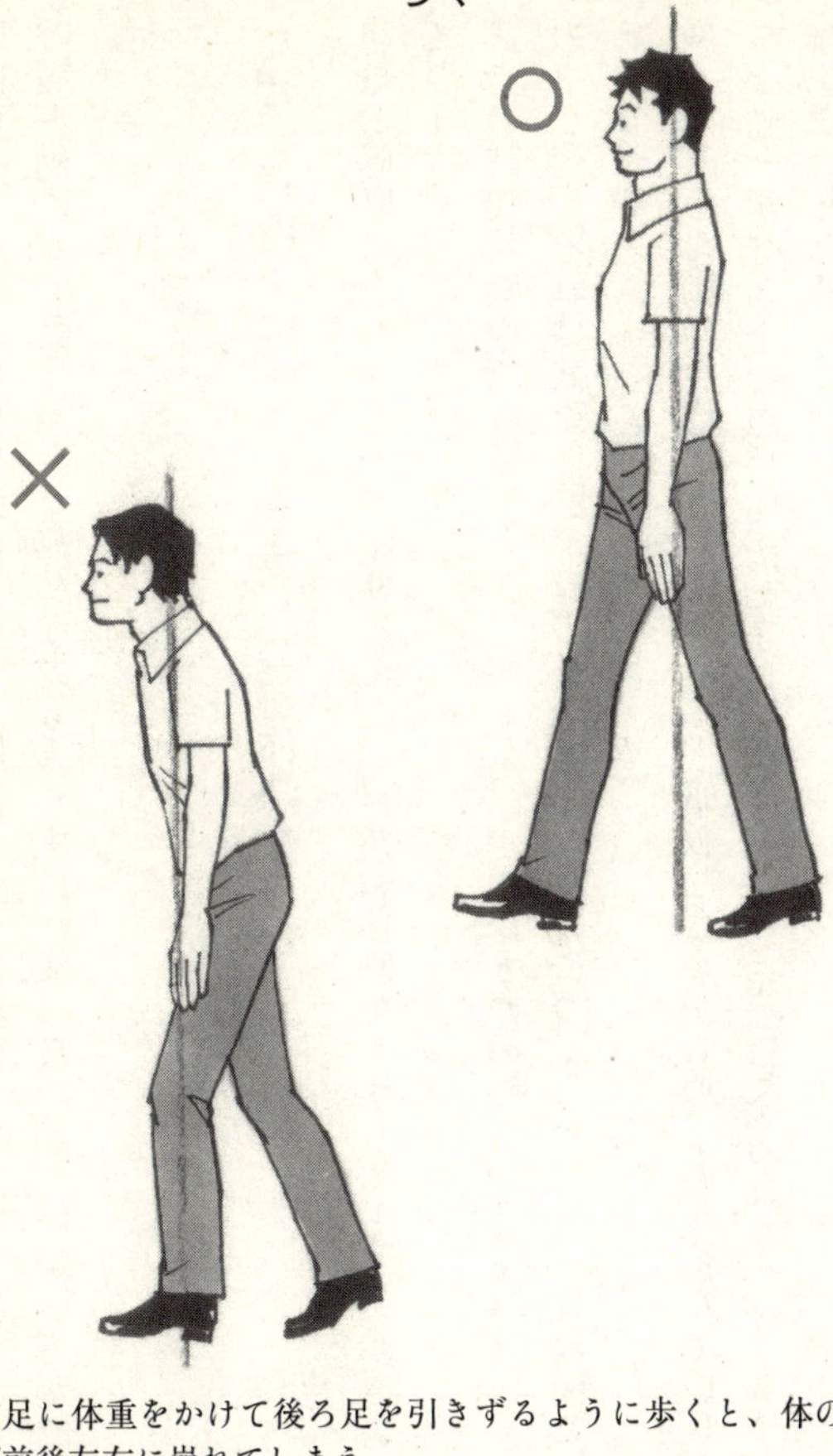

前足に体重をかけて後ろ足を引きずるように歩くと、体の重心が前後左右に崩れてしまう。
図のように、重心が中央に安定していればスキがない上、膝にも負担がかからない。

呼吸に合わせることで、疲れにくく、階段もラクに昇れるはずです。

呼吸と動作が一致すると、無駄な力も入らずに、疲れない美しい歩き方ができるのです。

❖なぜ、室内ではゆっくり歩くのが作法なのか

自分の呼吸に合わせてゆっくり歩くと、自然に優雅でしずしずとした歩き方に変わってきます。

武士の時代、殿中《でんちゅう》では歩くときに限らず、一つひとつの動作が非常にゆったりしたものでした。それは武家作法が身の安全を守るためにつくられたことに起因しているのでしょう。

ゆっくりした動作を作法としていれば、暗殺などよからぬことを企んでいる者もうかつな動きができません。作法を守らない武士は、品性を疑われるだけでなく、「異心ありや」と忠誠心も疑われたのです。

『忠臣蔵』の冒頭、「刃傷《にんじょう》松の廊下」には、脇差《わきざし》を抜いて吉良上野介《きらこうずけのすけ》に切りかかる赤《あ》

穂《こう》藩主・浅野内匠頭《あさのたくみのかみ》を、旗本たちが「殿中でござる！」といいながら取り押さえる有名なシーンがあります。当時の殿中における作法の厳しさを思えば、不敬罪として浅野内匠頭に切腹を申しつけた幕府の沙汰も当然といえます。

❖「隙《すき》のない歩き方」が身を守る

このような歩き方が作法として生まれたのには、もう一つ理由があります。かつての武士は、あごを引いて、重心が崩れないように歩く習慣を身につけていました。あごが浮いていると、背後から襲われたときに、簡単に首を絞められてしまいます。

腰を左右に振らずに重心が常に中心に安定していれば、とっさのときにもすぐに刀を抜いたりして対応できます。つまり、武士にとって正しい姿勢で歩くことは、自らの身を守るためでもあったのです。

現代では刺客に襲われる心配はないかもしれませんが、残念なことに通り魔などが横行し、物騒《ぶっそう》な世の中であることは否めません。あごを浮かせて、足を引きずるようなだらしない歩き方をしている人は、それだけ警戒心が薄く見えるものです。

一方、姿勢を正して歩いている「隙のない人」は、犯罪者も手を出しにくくなります。

歩くときも「耳が肩に垂れるように」「あごが浮かないように」「衿のすかないように」と意識して、重心を体の中心に保ち、両足を平行に踏んだ姿勢から始めてみてください。

❖「歩き方」の作法

ここで歩き方の作法をまとめておきます。

①腿を使って、吸う息で一歩進む。

足を前に出したときに重心が前の足にかかったり、後ろの足に残ったりせず、常に開いた両足の真ん中に重心がくるように進みます。前に出した足に重心がかかっていると、後ろの足を引きずる歩き方になってしまうので注意しましょう。

②重心を体の中心に保ったまま、吐く息で一歩進む。

足を開いたときに、一度停止して前の足に重心を移してしまうと、後ろの足のかかとが上がってしまい、上下動とともに重心がぶれやすくなります。腿の筋肉を使って、かかとからすべらせるように後ろの足を運ぶことで、重心を両足の中央に保ったまま前に進むことができます。

③足は平行に、一本の線をはさむように運ぶ。

体の真下から真っすぐ前に伸びた線に沿って、左右の足を平行に運びます。つま先が開いていたり、内股の歩き方ですと、真ん中の線をかかとやつま先で踏んでしまうはずです。それは膝や足をねじる無駄な動きが入っている歩き方で、膝を傷めたり、O脚やX脚などの原因にもなってしまいます。

④手は自然に下ろし、小指を伸ばす。

歩くときも、手は腿の側面、やや前方につけ、小指を伸ばします。戸外で歩く場合には、歩く速度が速くなりますから、歩行に合わせて自然に前後に真っすぐ振ります。

体が前に屈んでいると、手は体の前で横に振れ、先ほどのゴリラ歩きになってしまいます。

⑤戸外では、履物を引きずらないように歩く。

室内では着物の裾を乱さないように、畳の上をすべるように歩きますが、戸外では履物を引きずらないように注意します。階段の昇り降りも同じように、呼吸に合わせて歩けばラクに上がれるでしょう。

座る

❖プロの棋士が対局で正座をする理由

最近では、家庭でも公《おおやけ》の施設でも洋式の場所が多くなり、一般の人は正座をする機会が減っているようです。ふだんの生活で正座に慣れていないために、法事や和食の正式な場で正座をすると足がしびれて長く続けられないという人も多いでしょう。

しかし、正座は文字通り、日本人にとって正式な座り方です。

古くは仏像に見られるように、結跏趺坐《けっかふざ》といって、足のかかとからつま先まででそれぞれ反対の足の腿を押さえる座り方でした。その後、源頼朝《よりとも》像など武人の肖像画に出てくるような、片方の足を反対の足の腿に入れる幡足座《はんそくざ》となり、現在では両膝をそろえて足の上に座るのが正座となっています。

また、「考える」には、正座が一番です。思考力を競う将棋の対局では正座をするのが常識ですが、正座になったほうが頭は冴えるようです。**足の指まで刺激される正座の姿勢は脳を活性化させ、記憶や作業の効率をあげる効果もある**のです。

正座をすると足がしびれる人が多いと思いますが、本来、正座というのは、先ほど紹介した歩き方とともに、大腿筋を鍛えていれば疲れない動作なのです。

❖すみやかな動作を可能にする「跪座《きざ》」の秘密

座ったり立ち上がったりするのは、日常の動作の基本です。

ところが、一般には、いきなり両膝《ひざ》をドスンと勢いよく床につけて座る人、そして立ち上がるときは両膝を上げてはずみで立つ人が多いようです。すると上体はどうしても前のめりになって、美しくありません。

きわめつきは、片足を出して足に手を添え、体重を乗せながら「よっこいしょ」と立ち上がる人。これも年齢を感じさせるとともに自然と前傾姿勢になり、見苦しいものです。

小笠原流の立ち方ならば、前後左右に体が揺れることなく、立つ・座るの動作をすみやかに行うことができます。

その方法をこれから紹介していきますが、ひとつは、立つにも座るにも動作の間にいったん「跪座《きざ》」という姿勢をとること。

つま先を立てて両膝をつく跪座の姿勢になると、低い姿勢で動作を行えるだけでなく、次の行動にスムーズに移りやすくなるのです。

これは、日舞、茶道や弓道、剣道など、すべての武道で行っている基本となる姿勢です。

注意したいのは、「かかと」です。

多くの人は跪座でかかとをつけることができないので、かかとを開いて腰を落としてしまいます。しかし、両方のかかとをしっかりつけないと動きにくく、次の動作にすんなりと移れないのです。

跪座の姿勢から立ったり、すみやかに動けるのは、足の指をつま先立てることで下半身の全筋肉を働かせることができるからです。内側に曲げた指が全身の安定を支えるとともに、バネの働きをしているわけです。

立つときも、膝や上体の反動を使うのではなく、このバネの力を利用します。足首の角度が鋭角であるほど、バネの力は強く、即立ち（その場で足を踏み出さないで立つこと）も可能になります。

もう一つ、跪座の姿勢では、膝頭を閉じておくこともポイントです。

膝頭を開くといかにも強そうに見えますが、横から見ると腰は後ろに落ち、上体を意識して構える必要が出てきます。動作を起こす場合も、一度膝を閉じてから行動しなければならず、無駄な動きが生じてしまいます。

繰り返しになりますが、かかとが開いていても、腰が後ろに落ちて、バネの力を有効に使うことができません。かかとをつけて閉じ、前傾せずに足の指を内側に深く曲げることで、脊柱が自然に伸びていきます。

跪座から正座をするには、足を片方ずつ寝かせ、親指だけを重ねて、その上に静かに尻を据えます。このときも尻と腿の筋肉を使って、吸う息でゆっくりと行います。

さらに正座から立ち上がるときは、跪座の姿勢で足の裏を伸ばすことでしびれを直

跪座

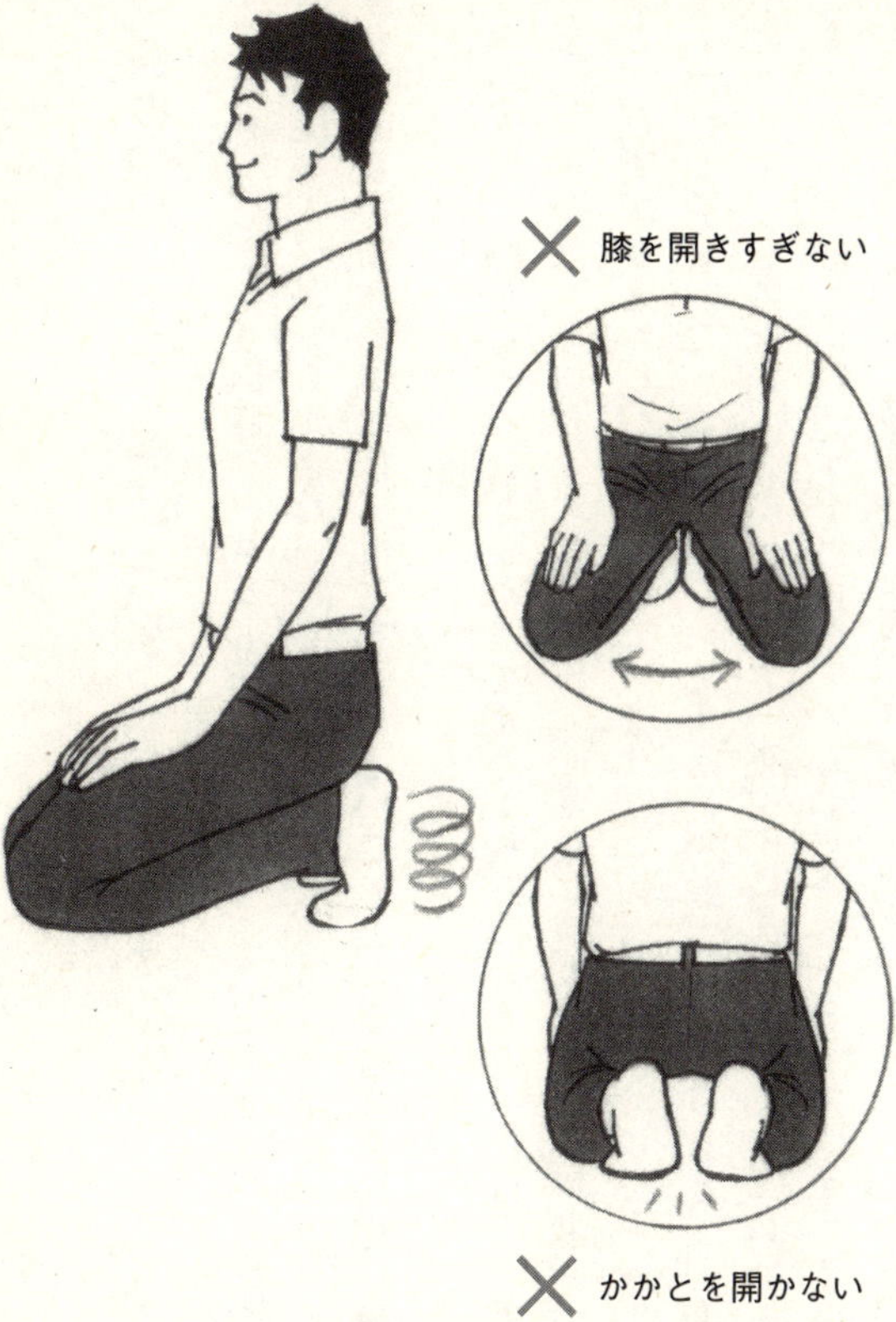

跪座の姿勢から立ったり座ったりすると、内側に曲げた指と足首がバネの働きををし、すみやかに動くことができる。

すことができます。

❖なぜ、品のない「ドスン座り」になってしまうのか

正座するとき、いきなり両膝《ひざ》をドスンと床につけて座る人と、水の中に沈んでいくように静かに座る人。どちらがきれいに見えるかは言わずもがなでしょう。

この**静かで美しい動作のコツは、反動をつけないことと、重心を真ん中に置くことです。**

ほとんどの人は、膝が折れるにしたがって重心が後ろにかかり、両膝が自然につきません。また、体が反っているため、膝が床につく前に尻が落ちて、両膝が上がってしまったり、反動で膝をついたりしてしまいます。

そこで、前にお話しした、立ったときの姿勢と同様に、背筋を伸ばして、重心が体の真ん中にくるよう意識すればいいのです。「水の中に沈んでいくように」という表現を使いましたが、静かに真っすぐ上体を下ろして座っていってみてください。

今までの「立つ」「歩く」同様に、腹筋と背筋、大腿筋が鍛えられていることを実

座る

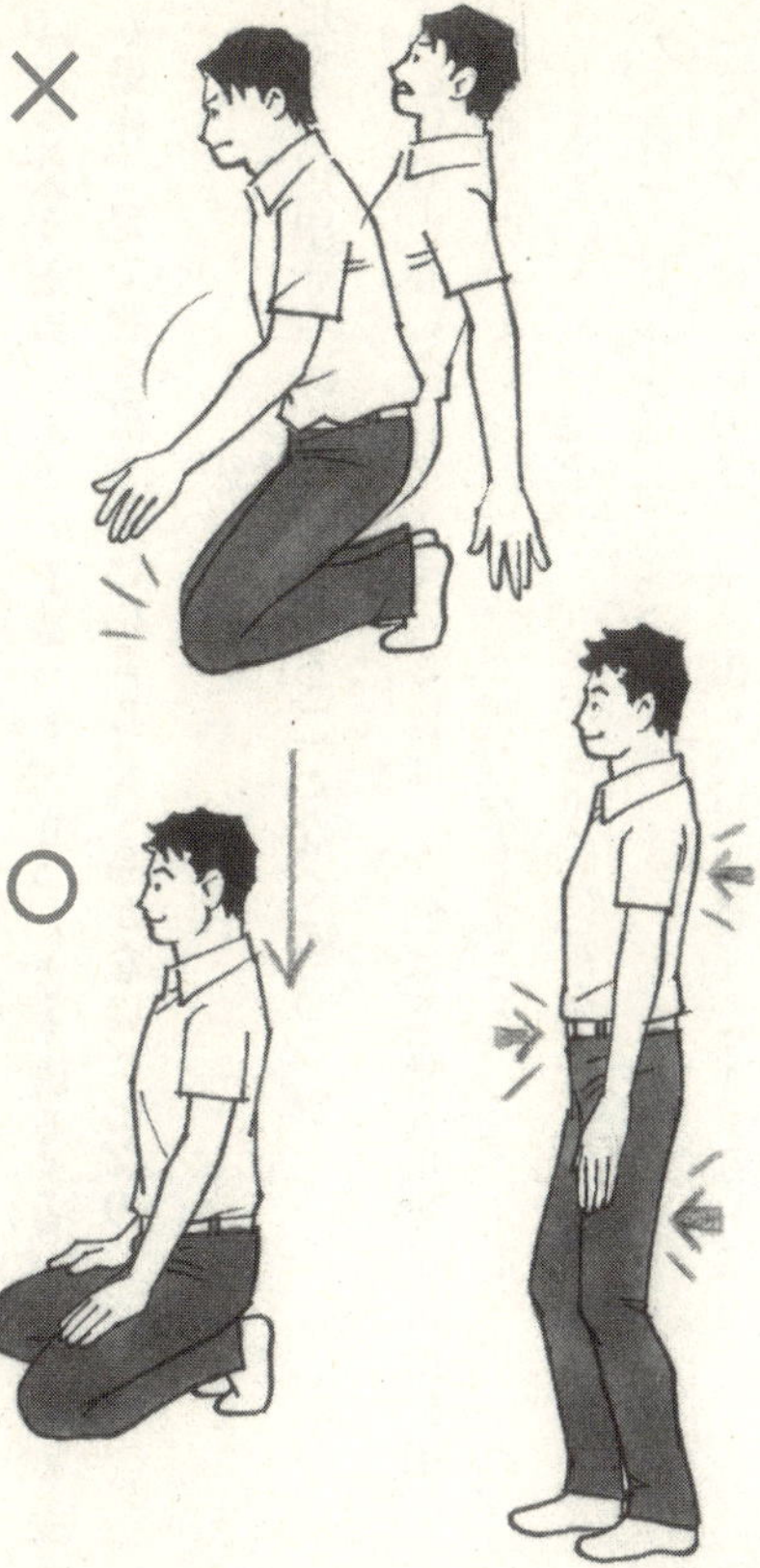

反動をつけて座ると体が反ってしまい重心は前後する。一方、重心を真ん中に置いたまま座ると、見た目も美しく、腹筋、背筋、大腿筋が鍛えられる。

感できると思います。体が怠けているうちは、つい反動をつけて座りたくなりますが、何度も言うように、粗相《そそう》の原因にもなります。

もちろん、手を使って座ったり立ったりするのは、やめたほうがいいでしょう。

手は物を扱うためにあるのであって、立つときや座るときに手で体を支えるのは、無駄な動作。足で物を扱うことに等しく、品がないことなのです。

❖「足を半足《はんそく》出す」が裾が乱れることなく座るコツ

重心を体の中心に置いたまま座るには、女性は下座の足を半足前に出し、男性は上座の足を半足引いてから、真っすぐ腰を落とすこと。こうすると、バランスを崩しにくくなります（上座の足を引く、または下座の足を出す理由は、「上退下進」といって、「上座を受けて行動する」ためです）。

ここで気をつけたいのは、半足出した足に体重を乗せないこと。

先ほど「利き足」「支える足」の話をしましたね。どちらか片方に体重を乗せて膝を落とそうとすると、上体は反ってしまいます。

座るときの足の出し方

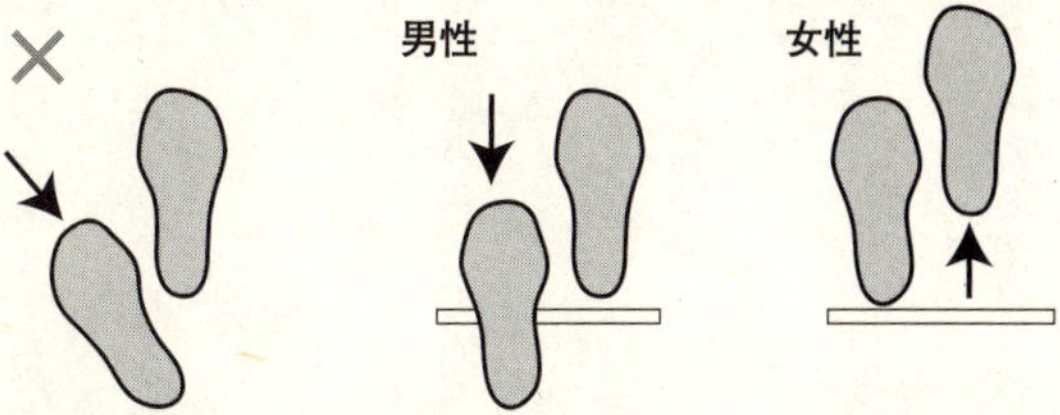

体を支えている支持足に沿って引くと、着物の場合、裾前が開いてしまう。

男性は上座の足を半足分引いて座る。

女性は下座の足を半足分前に出して座る。

そこで足は平行に踏んだまま、男性の場合は真っすぐ後ろに半足分引く。女性の場合は真っすぐ前に半足出す。そして、うしろのついた膝を前に進めながら、もう一方の膝を下ろす。スカートや着物の裾《すそ》が乱れないよう、手で押さえながら座る人がいますが、これなら裾が乱れることもありません。

着物といえば、再三注意した「かかと、かかとを開かないで座る（跪座・正座）」の意味が、着物を着た人を見るとよくわかります。両かかとが開いた姿を後ろから見ると、着物の裾が開いて非常に見苦しいものです。

❖「よっこいしょ」と立たなくてすむ方法

交通事故で腰を痛めた人が、「小笠原流の立ち方なら立てた」とおっしゃったことがあります。

それもそのはず。小笠原流では、腰や膝に負担をかけて立ち上がりません。もちろん片足に手を添えて、膝を杖にしてよっこいしょと立ったり、前後の反動を使ったりもしません。腿の筋肉を使って立ち上がるのです。

反動で立とうとすると、無駄な動きがあるため体がグラついて、大切な器など持っていたら落としそうになってしまいます。

まず、跪座の姿勢から下座の足を踏み出します。このとき、踏み出す足の先が、膝より前に出ないようにしてください。実際にやってみるとわかりますが、膝より足の先が出てしまうと、立ち上がるときに前の足に体重がかかり、体が前後に動きやすくなります。

また、立ち上がる際は低い位置の足（踏み出した足ではないほうの足）の腿を基準にして立つことを意識してください。多くの人は、逆に踏み出した足を基点にするから、膝を杖にしたり、反動で立ってしまったりするわけです。

「腿で立つ」には、踏み出した足ではないほうの膝を伸ばすようにして、尻が膝より上にあるように意識するとうまくいきます。尻がかかとについたまま膝だけを上げると、膝に負担がかかった立ち方になってしまうのです。

座るときには、「水の中に沈むように」というたとえを使いましたが、立つときは「煙が立ちのぼるがごとく」という意識です。

立つ稽古は、習熟するにしたがって踏み出しがせまくなり、最終的には即立ちになるのが理想です。即立ち、即座りは非常に難しい技で、下半身の筋力と足首の柔らかさが求められます。

❖「立つ↓正座」の作法

ここで、立った姿勢から正座して、立ち上がるまでの一連の所作の流れをまとめておきましょう。

①上座の足を半足引く（女性は下座の足を半足出す）。
足を半足引くときは、体の支持足（動かさないほうの足）に沿って斜めに引きがちですが、着物の場合は裾前が開いてしまいます。平行に踏んだ足のまま、真っすぐ後ろに半足分引くようにします。女性の場合も真っすぐ前に半足出します。

②ゆっくり息を吸いながら、上体を真っすぐ下ろしていく。
体が沈んでいき、膝の屈曲が深くなると、腿に重みを感じて、重心を崩しそうになるかもしれません。このとき、腿と尻の筋肉、腹筋で上体を支え、腰を中心に尻を締めるようにすると、体のバランスが保ちやすくなります。

後ろにある足（上座の足）のかかとに尻がつくまで上体を下ろします。

③膝が床についたら、後ろの膝を腰で押すように進めて跪座の姿勢を取る。
かかとに尻がつき、膝が床につくと同時に、後ろの膝を腰で押すように進め、前に

ある膝とそろえて跪座の姿勢になります。

この間、腿の付け根が常に膝よりも高い位置にあることが大切です。膝が腿の付け根より高い位置にあるということは、腰が後ろに落ちている証拠です。このような姿勢は、裾が割れたり、スカートが上がったりして見苦しくなります。

④跪座の姿勢から、片足ずつ足を寝かせて親指を重ね、その上に静かに座る。
このときも、反動をつけないように、尻と腿の筋肉を使い、吸う息でゆっくり行います。跪座から正座に直るときには前後左右に揺れることなく、自然に行うのが美しい所作です。

親指の重ね方は、昔は決まりがありましたが、今は左右どちらの指が上でもかまいません。

❖正座の作法

①背筋を伸ばして、やや前傾に座る。

立った姿勢と同様に、背中を真っすぐにして、上体の重心が腿の真ん中に落ちるように、やや前傾に座ります。

上体が反って、寝かせた足に重心が落ちてしまったり、前かがみになって背中を丸めてはいけません。

②女性は膝頭をそろえ、男性は膝頭の間を握り拳一つほど開く。

ただし、膝を開きすぎると、組んだ足の上に尻が落ち、背筋が曲がって見えるので注意が必要です。

③脊柱に沿って肩を落とし、頭は正しく胴体の上に据える。

横から見たときに、肩から上体に沿って真っすぐ上腕が落ちるようにし、肘《ひじ》を軽く曲げて、手を自然に腿の上に置きます。

顔はうなじを真っすぐにし、「耳が肩に垂れるように」「あごが浮かないように」「衿のすかないように」というポイントは立った姿勢と同様です。

④足の親指だけを重ね、足は自然に寝かせる。
足全体を重ねると、腰が浮き、上体も曲がってしまいます。足の親指だけを重ねることで、しびれにくくもなります。

⑤手の指は広げず、手のひらに軽くくぼみをつくって、腿に乗せる。
指が開いていると、口を開けているように、気持ちが抜けて見えます。体の前で手を組んでいる人を見かけますが、手を組んだ姿勢は安楽の姿勢であり、不安や緊張を抑えるしぐさでもありますので、背筋がゆるんでしまうでしょう。

⑥ゆっくりと腹式呼吸を行う。
肘《ひじ》を張った姿勢、猫背になった姿勢は見苦しいものです。背筋は伸びていながら、力みを感じさせない自然な姿勢が、美しく見える正座です。

❖「正座↓立つ」の作法

①両足の指をつま立て、跪座《きざ》の姿勢になる。

②腰を伸ばしながら、片足を踏み出す。

踏み出す足の先が、膝より前に出ないようにします。膝より足先が出ると、腿の付け根より膝が高くなって、体の構えが崩れてしまいます。

ベタ足だと重心が前の足に移動してしまいますから、踏み出す足はベタッとつけずに、かかとは上げたままにします。

③上体を浮き上がらせるように上に伸びる。

上体を浮かすことで膝も自然に伸びます。後ろの足はさらに伸びを続け、踏み出した足の膝が完全に伸び終わると同時に、前の足にそろえます。

踏み出した足のかかとが徐々に床についていくのにしたがって、もう一方の足も近づいて、両足がそろうのが理想です。

いかがでしょう。小笠原流の基本の稽古は、今まで紹介した、この「立つ」「歩く」「座る」だけ。日常の稽古だけで足腰が十分鍛えられることをおわかりいただけたかと思います。

膝行・膝退

❖両手で体を支えて膝を進めていませんか

和室に通されて正座をしているとき、「少し前に出てください」と言われたら、あなたならどうしますか。

座ったまま移動すること、立ち上がらずに膝をついて進退することを、膝行《しっこう》、膝退《しったい》といいます。**仏前や座っている人の前まで立って進むと、相手を見下ろす格好で失礼になりますから、膝行、膝退を行います。**

両手で体を支えて、膝を滑らせて進退している人をよく見かけますが、私に言わせれば、それは手で歩いているようなもの。「あなたは、ふだん障子や襖《ふすま》を足で開けるのですか?」と聞きたくなります。

なぜ、膝行・膝退のときだけ手を足の代わりにするのでしょうか。手は手の機能、足は足の機能を使うということを忘れてはいけないのです。

そこで跪座になれば、手を使わなくても前後に進みやすくなります。

進退の際は尻からかかとが浮かないように、かかとが開かないように注意しましょう。着物での膝退のときは、膝を少し開き気味にしてかかとが開かないようにすると、着物が前に残ることもなく、後ろから見た形も整います。

男性には大きく進み出る膝行もありますが、通常の場合は手をついて、手のひら一つぶんだけ膝を進めていきます。手のつき方は、女性は指先を自分の側に向けた折手《せっしゅ》礼《れい》で、男性は指先を正面に向けた折手礼で行います。

❖膝行の作法

①跪座の姿勢で、膝の脇に折手礼の形で両手をつく。

②下座の手を、手のひら分だけ前に進め、次に下座の膝と上座の手を進める。

膝を進めるときは、足の親指に力を入れて膝を軽く前に押し出し、左右のかかとが開かないようにする。
③次いで上座の膝と下座の手を進め、これを交互に繰り返す。
④止まるときは、下座の手と上座の膝を上座の手の位置まで進め、最後に下座の膝を上座の膝にそろえる。

❖膝退の作法

①膝行と同様に、跪座の姿勢で、膝の脇に両手をつく。
②上座の膝を後方に引き、次に上座の手と下座の膝を引く。このとき、上座の手は上座の膝にそろえ、下座の膝は上座の膝より手のひら分だけ後方まで引く。
③次いで下座の手を下座の膝にそろえるように、上座の膝は下座の膝より手のひら分だけ後方に引く。これを交互に繰り返す。
④止まるときは、上座の足を下座の膝にそろえ、上座の手を膝にそろえて折手礼のかたちになる。

❖座っての回り方

座った状態で向きを変えるとき、反動でクルッと回ろうとすると、たとえば、お出しするお茶碗がどこに飛んでいくかわかりません。

そこで、たとえば右に九〇度回る場合は、跪座の姿勢から右膝を少し浮かせ、床についている左膝で右膝を押すようにして横向きになるまで回ります。左膝は床から離さないように、また右足のつま先は動かさないようにして、膝と腰で回るよう注意してください。

いざやってみると、バランスを崩したり、よけいな動きが入ったりと、意外に難しいものです。しかし、繰り返し稽古することで、自然に腰、腹筋、太腿の筋肉が鍛えられ、バランスよく回ることができます。習熟すれば、九〇度どころか、一八〇度から二七〇度まで腰を据えて正しく回れるようになります。

椅子に座る

❖背筋を伸ばすと、集中力が高まり凛とした印象に

電車の中で、椅子の背もたれに大きくもたれかかって足を投げ出していたり、膝を大きく広げている人を見かけませんか。

「みっともないな」「もう一人座れるのに、マナー違反だ」などとマナーの問題で片づけることもできますが、無意識にそうなってしまうのは、腿や腹筋・背筋の筋力が弱っている証拠なのです。

両膝をつけられても、つま先やかかとが自然に開いてしまう人も同じです。小笠原流の基本動作（立つ・歩く・座る）を稽古していれば、自然に腿や腹筋・背筋などが

鍛えられ、ラクに膝を閉じ、真っすぐに座ることができます。

大きな背もたれのある椅子を見ると、ついもたれかかりたくなってしまう気持ちはわかりますが、一見ラクそうに見えて、じつは首や背中に負担をかけてしまう姿勢ですから気をつけてください。

椅子には**やや浅めに腰かけて背筋を伸ばすと、集中力が高まりますし、相手にも凛《りん》とした印象を与えることができます。**

浅めに腰かけるメリットはもう一つあります。浅く座っていると、立つときに前傾せずにすむのです。どっかり深く座っている状態で、前傾せずに、真っすぐ立ち上がることは不可能だと思いませんか。

テーブル・マナーの本などでは**椅子は左から腰かけると出ているものもありますが、正式には下座の側から腰かけます。**椅子に座る前に下座脇に立ち、勧められてから腰かけるのが礼儀です。

また、よくいわれることですが、足を組むのは友人同士の場合だけに許されることで、その場合も同席者のほうへ組んだ足がいかないようにします。組んだ足のつま先は下げ、もう一方の足に近づけておく配慮が必要になります。

椅子が低いときなど、女性がそろえた足を横に流す場合も、同席者のほうに流さないように注意しましょう。両側に同席者がいる場合は、下座側に流します。

❖椅子の座り方

①椅子の下座側に椅子と並んで立つ。

②一礼のあと、下座の足を前に進め、上座の足を進めながら横に開いて椅子の前に進み、下座の足をそろえて静かに腰を下ろす。

③椅子にはやや浅く腰かけるのが正しい姿勢。膝《ひざ》が開かないようにして、足は平行にそろえる。

④正座のときと同様に、手は軽く腿《もも》の上に置いて指先をそろえる。手を組むと注意力が散漫になるので注意。肘《ひじ》かけがついている椅子の場合でも、肘はつけません。

❖両足をそろえて動作するのが美しい所作のコツ

椅子の背もたれに手をかけて、斜めに足を進める腰かけ方もあります。この場合も下座側の横に立ち、下座の足を斜め前に進めます。続いて上座の足を前に進めながら横に開いて椅子の前に進み、下座の足をそろえて静かに腰かけます。

椅子から離れる場合は、両手を腿の上に置いたまま立ち上がり、左足（左側が下座の場合）を横に一歩開き、右足を左足にそろえながら後ろに引き、左足を右足にそろえて椅子の横に立ちます。腰かけるときと同様に、背もたれに手をかける方法もあります。

椅子に腰かけるときや立つときは、いったん両足をそろえて動作することを意識してみてください。

足をそろえずに動作すると、必要な筋肉が働かず、美しい所作になりません。

また、上体が前後に動かないように、真っすぐに、静かに動作する稽古が必要です。この稽古によって、腿や尻の筋肉が鍛えられて、美しい姿勢の基礎ができてきます。

ただし、椅子の場合、いっさい前傾をしないで座ったり立ったりするのは難しいことです。正座のほうがずっとラクだと思います。

❖「身の灯火は目なり」

人と対話するときは、目の置きどころ、視線が大切になります。

「目は人の眼《まなこ》」「身の灯火《ともしび》は目なり」といわれ、目はその人の人柄を表します。また、「目は心の鏡（窓）」ともいわれるように、心のありようを映し出すもので、目に落ち着きがない人は心も動いて落ち着いていません。

話しかけたときに視線を逸《そ》らされると、相手は避けられたのかと思いますし、視線を逸らしたまま話しかけられると、誠意がないように感じます。また、じっと相手の目を凝視するのは、相手の心の奥を探るようなしぐさとなり、相手に不快感を与えてしまうでしょう。

向かい合っている場合、上は相手の額《ひたい》のあたり、下は臍《へそ》のあたりの横線と、左右は両肩の少し外側を縦に伸ばした線に囲まれた四角形が視線を置くのに無難な範囲です。この範囲にあれば、相手の話を聞いている「逸らさない目」となります。

さらに注意深く相手の話を聞くには、左右は肩幅の範囲、上下は目と胸の範囲まで視線を狭めます。相手の言葉にあいづちを打つときは、静かに相手の目を見つめるようにします。

コラム

上座・下座を知る

向かって右を上座とするのが日本式

その場の上座・下座も注意すべきポイントです。上座と下座は一概に左、右という決め方はできません。「時・所・相手」によって変わることがあるからです。

日本では一般的に、太陽が通る南を向いて陽が出る東の方角を上位、つまり向かって右を上座とします。逆に西洋では、陽が出る東を向いて暖かい南の方角を上位、向かって左を上座としています。和式と洋式では逆になるため、国際社会の中では場に応じた使い分けが必要となるのです。

したがって、古来、日本の宮中では天皇が左（向かって右）、皇后が右に立つのが伝統でした。雛《ひな》飾りでも宮中の並びを模して、男雛が左（向かって右）、女雛を右（向かって左）に配置するのが本来の飾り方だという話はよく知られています。

しかし、明治の文明開化で日本も西洋化し、大正天皇が右側（向かって左）に並ばれて以来、それが皇室の伝統になりました。それを真似て、東京を中心に男雛を向かって左に配置する家庭も増えてきたようです。

東（向かって右）を上位とする習慣は現代でも数多く残っており、芝居の舞台でも客席から向かって右を上手《かみて》としていますし、相撲の世界でも西より東が上位で、東の横綱を最上位としています。

入り口から遠いほう、床の間側が上位の席

和室では、床の間の前が上座、入り口に近いほうが下座になります。

本来、床の間は両脇に脇床《わきとこ》があるのが正式ですが、床と脇床が一つの場合、向かって右に床があるのを本勝手、向かって左にあるのを逆勝手といいます。

本勝手の場合、床の間の前が第一位、床に向かって右側が第二位、反対側の左が第三位、入り口側が第四位の席になります。逆勝手の場合は、第二位と第三位が左右逆になります。

床の間のない和室でも、入り口から遠いほうが上座、向かって右が上位の席になるのは本勝手と同じです。

洋間では、備え付けのマントルピースや飾り棚があるところが上座になります。こ

れらがない場合は、やはり入り口から遠いほうが上座です。応接セットが置かれている場合は、ソファが第一位の席です。

下座の足から進み出て、上座の足から下がる

立つ、座る、歩きだすなどの一歩目は、下座側の足から立ち、歩きだすのが基本です。ただし、人の近くでは、部屋の位置とは関係なく、その人に近いほうを上座として、下座の足から動作を行います。

部屋の出入りや、人の前を通るときも、下座の足から進み出て、上座の足から下がります。これが逆になると相手を蹴るような足づかいとなり、相手に背を向ける動きになってしまいます。

相手を気づかう気持ちが足の運びにも表れているわけで、それが礼をともなった美しい振る舞いとして人の目に映るのです。

第二章

やってはいけない「訪問・来客」の作法

お辞儀をする

❖「お辞儀＝頭を下げること」ではない

お辞儀というと、ただ頭を下げることだと勘違いしている人が多いようです。
みなさんの周りにもいませんか。うなずくように頭を下げる人、顔を前に突き出すようにする人……。そんな人に限って何度もペコペコ頭を下げるので、どうしても卑屈に見えてしまいます。

これを昔の日本人は「江ノ島お辞儀に二度返事」といいました。膝を曲げてペコペコするお辞儀と、「ハイハイ」と軽く二度答える返事のことで、どちらも相手への敬意が欠けていることを意味しています。

立礼

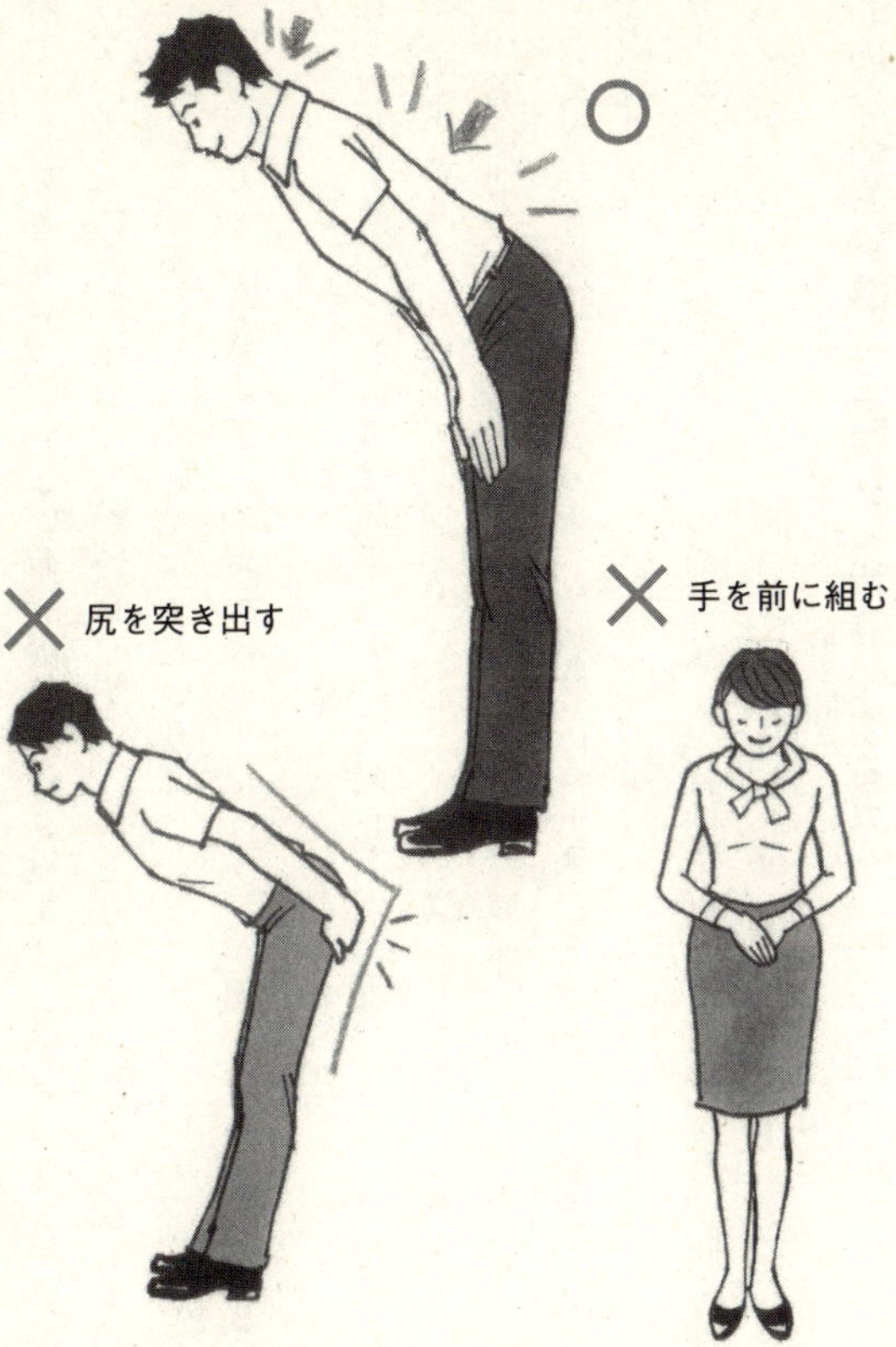

正しいお辞儀をするだけで、首の筋肉や背筋が鍛えられる。多くの男性が尻に両手を当ててしまうのは、腹筋を使っていないから。女性に多く見られる、手を前に組んでからする礼は、体と手が別行動のため、わざとらしくなる。

相手への気持ちというのは、目には見えないからこそ外見（お辞儀）で判断されるもので、心がともなっていないお辞儀は、繰り返すほど敬意のなさが強調されてしまいます。本人は心を込めてお辞儀をしているつもりでも、知らず知らずのうちに相手に慇懃無礼《いんぎんぶれい》な印象を与えていた……ということになりかねないので注意してください。

一度だけでも、敬意が伝わるお辞儀をしたほうが、相手の心に響くにちがいありません。

繰り返しますが、お辞儀は相手への敬愛の心を形に表したもの。なぜお辞儀をするのか、その意味を知れば、間違った「形」のお辞儀をしなくてすみます。

お辞儀は別名「屈体の礼」ともいわれます。「屈体」とは文字通り「体を屈する」ということ。頭を低く下げるという意味の「低頭」とは違い、敬愛の念を表す自然な心情表現です。

❖品のないお辞儀は「腹筋・背筋のゆるみ」が原因だった

ですから、ただ頭を下げるのではなく、背筋を真っすぐ伸ばして腰を曲げるのです。

お辞儀でも腹筋や背筋が大切になります。

あなたは、どんなお辞儀をしていますか。腹筋がゆるむと、お腹がへこんで背中を丸めた貧相なお辞儀になってしまいます。屈体するときに頭が胴体より前に落ちてしまうのは、頭の重みを首の筋肉で支えきれないからです。

背筋を使わずに体を起こすと、反動で後ろに反り返ってしまい、再び正しい姿勢に戻すというよけいな動きが必要となります。

男性に多く見られるのは、尻に手を当てて屈体するお辞儀です。これもじつは、お辞儀の「クセ」というより、「腹筋」を使っていないことが原因です。

本人は自然な動きでやっているつもりかもしれませんが、屈体したときにお尻を突き出してバランスが崩れているために、手でバランスを取ろうとしているわけです。正しい姿勢で屈体すれば、お尻に手がいくことはないはずなのです。

❖相手と「息が合う」から「心が通う」

前にも紹介しましたが、体を曲げるときよりも、起きるときのほうが早いお辞儀をする人がいますね。これは、自分の呼吸に動作を合わせてお辞儀をしていないからです。

吸う息で上体を傾け、吐く息の間そのままとどまり、さらに吸う息で上体を起こすのです（礼《れい》三《み》息《いき》）。

呼吸に動作を合わせれば、上体を傾ける時間と起こす時間が一定になります。

繰り返しになりますが、動きと違って呼吸は一定ですから、ゆっくりした呼吸にお辞儀の動作を合わせれば、おのずとゆったりとした自然で美しい礼になります。

「礼三息」は、自分の呼吸のリズムに合わせて動くので、精神状態を安定させるという効用もあります。

また、お辞儀には、会釈程度の浅い礼から最敬礼の深い礼までありますが、「礼三息」にしたがってお辞儀をすれば、深い礼でも浅い礼でも、屈体している時間は同じになります。

したがって、目上の人と目下の人が互いに礼をする場合、お互い相手が体を起こすのを見計らう必要はありません。相手に視線を合わせて顔を上げたまま頭を下げると、あごが突き出たお辞儀になってしまいます。

相手の呼吸に合わせるのがポイントです。お辞儀の深さは違っても、目上（上位）の人と目下（下位）の人の呼吸が合えば、心を通わせることができます。

「息が合う」という言葉があるように、相手の呼吸に合わせて礼をするからこそ、心が通うのです。

手は、屈体する上体にともなって自然と前に出ます。

女性の中には、手を前に組んでから屈体する人が多く見受けられます。「おしとやかに」というつもりかもしれませんが、両肩が前に出て、不健康に見えます。また、古来柔術では、急所を守る構えであり、お辞儀としては不適切です。

❖立ったお辞儀（立礼《りつれい》）の作法

礼には、立っている場合の立礼と、座っているときの座礼の二種類がありますが、立礼、座礼ともに、お辞儀の呼吸は共通です。

①正しい姿勢から、吸う息で上体を屈体させていく。屈体するときに首が落ちたり、

前に出たりしないように注意。手は、体が屈するにしたがって、自然に腿に沿いながら前に出てくるように。肘から先を真っすぐに伸ばす。

②相手や場所によってお辞儀を使い分ける。目上の人への礼は「深い礼」、目上の人の返礼や会釈をする場合は「浅い礼」、友人や同僚の場合には「普通の礼」。

(上体を屈体し、指先が腿の前にくるあたりでとどまるのが浅い礼。腿の中央あたりが普通の礼。膝頭まで達すると深い礼)。

③吐く息の間とどまってから、ゆっくりした吸う息で体を起こす。

❖やってはいけない!?「三つ指ついて〝いらっしゃいませ〟」

玄関で正座した奥様が三つ指ついて「いらっしゃいませ」と出迎える……。古き良き日本の伝統的な座礼というと、こんなお辞儀を想像されるかもしれません。

「三つ指ついて」はじつは形だけのお辞儀で、良くないお辞儀だということはご存じですか。

なぜなら、三つ指ついて、肘を張るお辞儀は、「手」だけでお辞儀をしていて、主

座礼

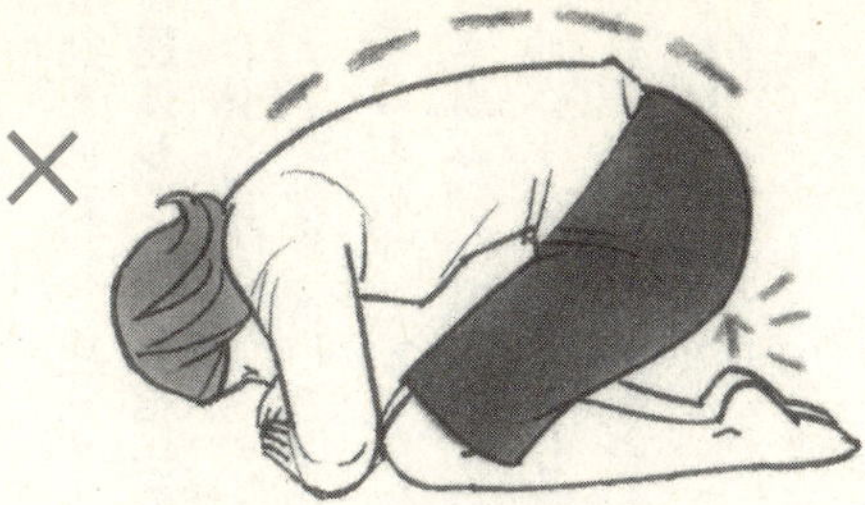

背筋・腹筋を使わないと背中が丸まり、
かかとから尻が浮いてしまう。

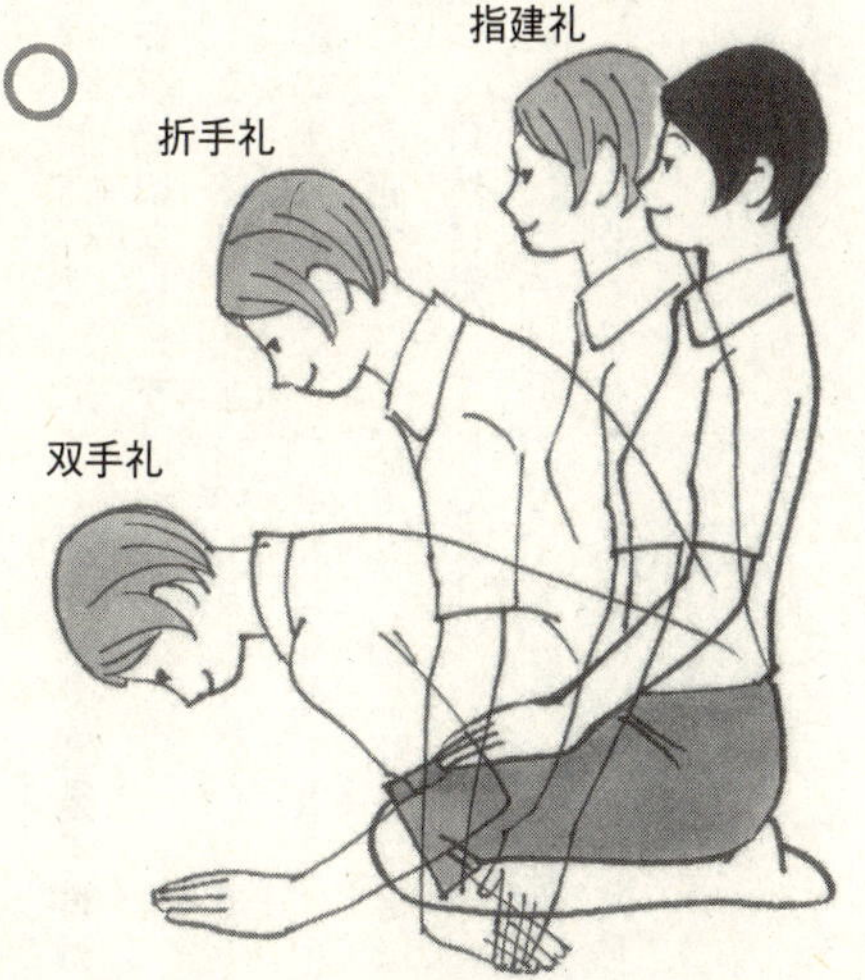

肘を張った"手"だけのお辞儀と、体が手をともなって、流れるようなお辞儀のどちらが美しく見えるだろうか。

である体にともなっていないからです。

立礼と同様に、座礼でも、お辞儀は「屈体の礼」です。**真っすぐ背筋を伸ばし、上体が屈体してこそ、相手の心に響くお辞儀になります。**

手は体の動きにともなって、屈体する上体に自然とついてきます。行ってみればわかりますが、前屈していくと、手が腿の上にあることが窮屈になってきます。そのため、手はおのずと腿の脇に落ち、さらに前屈することにより、前に出ていきます（このとき腕は腿から離れずに、腿に沿って自然に動いていきます）。

前のページの図を見比べてみていただければ一目瞭然です。屈体し、体と手がともに流れるようにお辞儀をしている人と、肘を張って手でお辞儀をしている人、どちらがきれいに見えますか。

❖手をついてから座礼してはいけない

座礼の際、みなさんは、どうしても手をついてから上体を曲げがちです。

お辞儀の「形式」だけを考えるから、先に手の位置を決めてから屈体する礼になってしまうのです。

しかし、たとえば「いらっしゃいませ」という気持ちを屈体の礼のかたちに込めるという本来の意味を考えれば、上体が屈するにしたがって両手がついていくはずです。体と手がバラバラでは、心もバラバラで、礼に落ち着きがなくなります。

一般によく見られる悪い座礼の例を挙げてみましょう。

頭だけピョコンと下げる頭の礼、いきなり畳に手をつく手の礼、深く屈体したときに尻がかかとから浮いてしまう尻の礼……と言いたくなります。

男性に多いのが、両肘《ひじ》を横に張った肘の礼。脇があいたお辞儀は隙だらけの構えで、美しい所作とはいえません。

体が手をともなって、一緒に動けば礼は非常にきれいに見えます。

小笠原流では『九品礼《くひんれい》』といって、座礼を九種類に分けて、場合に応じてふさわしい礼をします。

屈体の浅い礼から「目礼《もくれい》」「首礼《しゅれい》」「指建礼《しけんれい》」「爪甲礼《そうこうれい》」「折手礼《せっしゅれい》」「拓手礼《たくしゅれい》」「双手礼《そうしゅれい》」

「合手礼《ごうしゅれい》」「合掌礼《がっしょうれい》」の九つ。これらを相手への敬意や親しさ、その場、その時によっておのずと使い分けます。

合掌礼は神仏への礼ですので、ここでは、一般的に最も丁寧な「深い礼」（合手礼）を紹介します。

手を後ろに回して腰のところで組みます。上体を腰から真っすぐ曲げていってください。胸が腿につくほど屈体するのが一番深い合手礼です。

今度は手を前にして、同じ動作に手をともなわせます。体と一緒についていく手に注目すると、深く屈体して胸が腿についたとき、畳についた両手の親指と人差し指の指先が接します。この両手の親指と人差し指を合わせてつくった三角形の真上に鼻がきます。

このとき、親指と人差し指の三角形が鼻の位置より前に出ていると、お辞儀ではなく平伏の姿勢になってしまいますから注意してください。

この動作も非常に腹筋・背筋を使います。

ためしに、腰を伸ばしておいて、腹筋をゆるめてお腹をへこますと背中は丸くなってしまいます。そして、屈体するにつれてお尻がかかとから浮いてしまいます。

どうしてもお尻がかかとから浮いてしまう人は、背筋や腹筋が弱って、柔軟性が衰えているといえます。繰り返し座礼の稽古をするうちに筋肉が鍛えられ、お尻が浮かない美しいお辞儀ができるようになるでしょう。

座礼でも「礼三息」が大切なのは同じです。ゆっくり吸う息で屈体し、吐く息の間だけとどまったら、またゆっくりとした吸う息で起き上がります。

とくに座礼では、腹部がつらいため、起き上がるのが早い人をよく見かけますが、**呼吸に動作を合わせて、起き上がるときにこそ相手に気持ちを伝えることができる**と意識しましょう。

❖座ったお辞儀(合手礼)の作法

①背筋を真っすぐに、手を腿の上に置いた正しい正座から、吸う息で屈体していく。

背筋が丸まっていたり、手を先に畳につくのは悪いお辞儀。

②屈体するにともなって、手は腿から自然に横に下り、腿に沿いながら進んでいく。視線も屈体にしたがって、しだいに手元に近くなる。上目を使うなど、相手を見つめながらのお辞儀は避ける。

③胸が腿についたとき、両手の親指、人差し指の指先同士がつく。畳についた両手の指先、人指し指と親指でできた三角形の真上に、鼻がくるように。このとき、お尻がかかとから離れないように、両肘を張らないように、肘を腿の脇から離さないように注意する。

④吐く息の間とどまり、静かな吸う息で起き上がる。

コラム

九品礼

座礼には「九品礼」といって、九つの基本の礼がありますが、代表的な礼を紹介します。

・指建礼《しけんれい》

上体を少し屈体するにつれ両手を腿《もも》の両側に下ろし、肘を軽く伸ばして指先だけを畳につける礼です。指建礼の手は、腿の両側に下ろした位置が最も自然で、片手で行う片手指建と両手指建があります。お焼香《しょうこう》などで、隣の方に「お先に」と挨拶するときなどに使われます。

・折手礼《せっしゅれい》

さらに体を屈すると、手首が折れ、手のひらが畳につきます。両方の手のひらを畳につけますが、女性は指先を後ろに向け、男性は指先を前に向けます。これは男女の骨格差、手首の可動域の違いからくるものです。正座をして、百人一首のかるた取りをしているときは、無意識にこの姿勢になっているはずです。先の膝行・膝退の項でも説明したように、座ったまま移動するときにも折手礼の姿勢を使います。

・拓手礼《たくしゅれい》

女性は折手礼から手を返し、さらに屈体していくと、肘が折れ、手が膝の横前に出てきます。同輩に対する礼で、茶道などでもよく使われます。

・双手礼《そうしゅれい》

拓手礼からさらに屈体していくと、両手は自然に膝の外側の線に沿って進んで双手礼となります。これは同輩に対する深い礼であり、目上の人にも用います。

・合手礼《ごうしゅれい》

一般的に最も丁寧な深いお辞儀とされています。両手の指先同士がつくまで、胸がももにつくまで体を屈します。屈体するにつれ、手が体に添って動くことが大切になります。

・合掌礼《がっしょうれい》

合掌礼は神仏に対する礼です。指建礼から、息を吸いながら両手を前に伸ばし、静かに両手を合わせます。視線は親指の先です。そして、やや屈体しながら肘を折り、再び吸う息で肘を伸ばして、指建礼に戻ります。

相手とすれ違う、通りすぎる

❖道ですれ違うとき、左右どちらによけるのが正しい？

上司や取引先など、目上の人と廊下や道路上ですれ違うとき、みなさんは右側と左側、どちらに避けますか。最近では、そのまま前に進んでしまって、相手が道を譲ってくれたというケースもあるようですが、日本の場合は左によけて右側を譲るのがしきたりです。

東京のエスカレータでは、左側に乗って、右側を急いでいる通行人に譲りますが、ある意味では正しいんですね。

なぜ、道の左側によけて、右側を譲るのでしょうか。

それは、**向かって左が下座**だからです。上座を譲るということです。日本では、南に向かって東側を上《かみ》としました。ということは、向かって右側が上《かみ》ということになるわけです。ちなみに、ヨーロッパでは東を向いて南が上《かみ》になり、日本とは逆ですから注意してください。

したがって、左大臣と右大臣では左大臣が上で、向かって右に座しています。今は結婚式でも欧米式が浸透し、新郎は向かって左、新婦は右に立たせますが、本来は逆なのです。

また、通り過ぎるとき、目上の人に挨拶《あいさつ》をされると思いますが、一度止まってから会釈をすると大変好感を持たれます。

ちなみに、同輩同士の場合は、お互いに左に避けて礼を交わすといいでしょう。避け方は、一メートルほど隔てて斜め前方に二足開き、向かい合って両足をそろえて礼をします。体づかいとしては、相手が目上であっても同輩であっても、方向を変えるときは「かかとから回る」ということと、「かかとに沿って足を引く」ということ。お辞儀をするときは両足をそろえて屈体するのも基本です。

相手が会話中なら、軽く会釈をしてから通り過ぎます。

では、階段の途中で出会った場合はどうしましょうか。目上の人が降りてきたときは下で待ち、昇ってきたときには上で待てばよいのです。

小笠原礼法では、道で出会ったときの礼を「行き逢いの礼」と呼んで指導していますので、ここでまとめておきましょう。

❖行き逢いの礼

①四メートルほど手前で、下座側に避ける。左に避ける場合は、一度足をそろえてから、右足を左足のかかとに沿って、九〇度左後方へ退ける。

②次に左足も九〇度後ろに引き、さらに右、左と退けて両足をそろえる。

③そのまま手を腿に置いて待ち受け、二メートルくらいのところに来たら、両手が膝頭の上にくるまで深く屈体する（深い礼に対する上位者の答礼としては、そのまま両足をそろえて会釈します）。

④相手が通りすぎるまでそのままの姿勢で、通過するのを見送ってから左足から歩みだします。

❖人前を通るとき手刀を切るのはOK？

人の前を横切るとき、「どうもどうも」と片手で手刀を切りながら通る人がいます。人がいる前を通ることは失礼なので、しぐさとしてはわかりますが、これはお相撲さんの所作。また、前にも述べたように同じ動作を繰り返すのは軽く見えます。屈体で礼を尽くしたほうが丁寧な印象を受けるでしょう。

この人前を通るときの礼を、小笠原流では**「前通りの礼」**と呼んでいます。人の前は避けて歩くのが原則ですが、どうしても通らざるをえない場合の礼のしかたです。相手との関係によって礼の深さは変わりますが、相手の二、三メートル手前で一礼し、なるべく早く通り過ぎます。

これはあとで紹介する**慶事《けいじ》・弔事《ちょうじ》などで控えていらっしゃる親族の前を通るときなどに応用します。**

・立っている上位者の前を通るとき
手前で立ち止まって両手が膝頭《ひざ》にくるまで深く屈体の礼をします。少し体を屈したままその前を足早に過ぎ、そのあと体を直して進みます。

・立っている同輩の前を通るとき
少し前で立ち止まり、両足をそろえて同輩の礼をします。体を軽く屈して、通りすぎてから体を起こします。

・立っている下位者の前を通るとき
その前に立ち止まり、軽く会釈して通ります。

・和室で座っている上位者の前を通るとき
手前で跪座になって両手を腿の左右について折手礼をし、「ごめんください」と言いながら肘《ひじ》を折るように曲げて一礼します。一礼後、手を腿に戻して下座の足から立ち、体を少し屈して、下座の足から足早に過ぎます。

・和室で座っている同輩の前を通るとき
手前で跪座になって両手を腿の上に置き、両手指建礼をします。手を腿に戻して下座の足から立ち、体を屈して通りすぎます。

・和室で座っている下位者の前を通るとき
立ち止まり、立ったまま会釈をします。

・和室で座っていて、その前を上位者が通るとき
折手礼をし、さらに肘を折るようにして丁寧に一礼します。

・和室で座っていて、その前を同輩が通るとき
先方が座して挨拶するので、同じように指建礼をします。

・和室で座っていて、その前を下位者が通るとき
下位者は座して丁寧に挨拶するので、相手に近いほうの手の片手指建礼で受けます。

・多人数の前を通るとき
並んでいる最初の人のところで挨拶し、通りすぎる間は少し屈体して進みます。焼香の際などは、このようにして親族、ほかの弔問客の前を通りすぎます。

・椅子に座っていて、その前を上位者が通るとき
椅子から立ち上がって下座に控え、少し屈体して待ちます。相手が前に来たら丁寧に一礼し、体を少し屈して通り過ぎるのを見送ってから、着席します。

・椅子に座っていて、その前を同輩が通るとき
椅子の前に立って互いに一礼し、相手が前を過ぎたら着席します。

・椅子に座っていて、その前を下位者が通るとき
椅子に座ったまま、相手に近いほうの手の片手指建礼をします。

訪問・来客応対の作法

❖両手で襖を開け閉めするのが無作法な理由

最近では、洋間の生活になじんでしまったために、和室での接待の際に戸惑ったり、礼を失してしまいがちです。

しかし、繰り返しになりますが、**「決まり事」「マナー」として覚えるより、「なぜ、そうすると無駄がなく機能的なのか」**という視点で考えれば、作法はより理解しやすくなります。

襖を開ける作法ひとつにしても、襖の構造や体の機能を考えれば納得がいくものです。

たとえば、襖には下から三分の一ほどのところに引手《ひきて》がついていますが、引手に手をかけて片手だけで全開しようとすると、どうでしょう。

途中から腕に無駄な力が入り、襖にもよけいな負荷がかかります。すると滑《なめ》らかに開かないばかりか、襖を傷めることになってしまいます。

また、**襖は座って両手で開閉するのが正しい礼儀作法だと勘違いしている人が多い**ようです。これも序章で説明したように、腕本来の機能からいえば、無駄の多い不自然な動作だとわかります。どちらか一方の手が逆手になって、襖の開閉がギクシャクし、見た目にも美しくありません。

人間の腕は、襖を開閉するときのように外から内へ平行に動かした場合、体の中央までは同じ筋肉を無理なく使えますが、それより内へは上腕や手首によけいな力が加わってしまいます。無駄な力が加わると、勢いよく開けるなどの粗相の元になります。襖にも負荷をかけ続けていれば、やがて歪んでしまうでしょう。

そこで座って襖を開ける場合、まず襖の正面に跪座して、引手に近いほうの手をかけ、指が入るぶんだけ開きます。

その隙間に手を入れ、親骨（襖の枠組みの部分）に沿って下へずらし、下から約一

○センチほどのところを持って開けば、襖は無理なく、静かに滑らかに動くのです。体の中央まで開けたところで、手を替えて親骨を持ち、残り半分を開けます。

閉める場合も同様に、襖に近い手で親骨を持って閉め、体の中央で手を替えて静かに閉めます。

引手より下を持って平行に腕を動かそうとすれば、体は自然に屈体し、反対の手は指建礼の形になります。また、親骨を持って開くと、すべりすぎることもありません。

無駄な動きや力を使わず、必要最低限の所作で行うことが、見た目にも美しく、物を大切にする正しい作法なのです。

❖入室の作法

（立って行う場合）

①右に開ける場合、左手を引手にかけて、指が入るぶんだけ開く。
②引手のやや下の親骨を左手で持って体の中央まで開ける。
③右手に替え、親骨を持って体が通るだけ開ける。

④敷居を踏まないように、下座の足から進み、上座に回って一八〇度後ろに向き直る。
⑤閉じるときも、襖に近い左手で親骨を持ち、体の中央まで閉める。
⑥右手に替え、親骨を持って閉め、最後は引手に手をかけて静かに閉める。

開閉の際に襖に近づきすぎると、肘が曲がって滑らかに開けることができません。襖に近づきすぎず、引手のやや下を持ったときに肘が軽く伸びる程度の距離が適切でしょう。

閉めるときに、前を向いたまま後ろ手に閉めるのは厳禁です。客人として案内されて、襖を開けてもらった場合は閉める必要はありませんから、そのまま進みます。

（座って行う場合）

室内にお客さまがいる場合や両手がふさがっているときなどは、一度座って襖を開閉します。中にお客さまがいらっしゃるのに立って開閉すると、上から見下ろす形になってしまうからです。

座って襖を開閉する場合も、基本的には立っての作法と同じです。

襖の開閉

①襖の正面に跪座し、引手に
近いほうの手で開ける

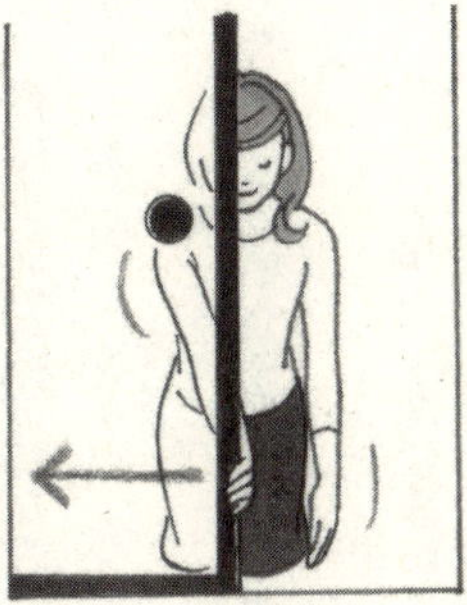

②体の中央で、反対の手に持
ち替える

③残り半分を開ける

襖や障子を開ける場合、両手で開けるより、体の中央で手を替えたほうが、腕によけいな力が加わらず、静かに開け閉めできる。

①襖の正面に跪座して、引手に近いほうの手を引手にかけて、手が入るぶんだけ開ける。反対の手は指建礼の形。

②引手にかけた手を、襖の親骨に沿って下へずらし、床から一〇センチほどのところを持って、体の中央まで開ける。

③その手を指建礼の形にし、反対の手で親骨を持って残り半分を開ける。

④入室前に軽く会釈し、下座の足から立って、下座の足から進み、敷居の前で両足をそろえる。

⑤敷居を踏まないようにして、下座の足から三足で入る。

⑥上座に一八〇度回って、襖の正面で跪座になる。

⑦襖に近い手で親骨の下から約一〇センチのところを持って、体の中央まで閉める。反対の手は指建礼の形。

⑧中央で反対の手に持ち替え、手は入る程度まで閉める。今まで閉めていた手は、腿の横で指建礼の形になる。

⑨最後に引手に手をかけ、音がしないように静かに閉める。

❖ドアを後ろ手で閉めてはいけない

就職や入試の面接の際に、開けっ放しはもちろんのこと、洋室のドアを後ろ手で閉めてはいけないとか、手を離してバタンと反動で閉めるのはマナー違反だと聞いたことはありませんか。

なぜ、いけないのかは、襖の開閉のときと基本的に同じですから、もうおわかりかと思います。物の機能と腕の機能に反さない動作を行えば、おのずと物を大切に扱い、最も効率的で無駄のない動作になります。

扉には押して開くものと引いて開くものがありますが、引いて開く場合は、取っ手が左にあれば、左手で取っ手を持って退き、扉を手前に開きながら右手に持ち替えます。その後、回りながら左手で内側の取っ手を持ち、退きながら扉を閉めます。取っ手が右にあれば、右手から左手に持ち替え、右手で内側の取っ手を持ちます。

押して開く場合、取っ手が右にあれば、右手で押し開きながら左手に持ち替えて、内に入ったら、内側の取っ手を右手に持ちながら回って閉めます。閉めるときも、体の中央で取っ手を持ち替えます。
これが面接官にも訪問先のご主人にも印象のいい作法です。

❖門を入らばコートを脱げ

ある大学教授から、こんな話を聞きました。
「ゼミの学生がよく家に訪ねてくるんですが、コートを脱がないで玄関先まで来る若者が何人かいるのです。不思議に思ってなぜかときくと〝家に上げてくれるかどうかわからないから〟と言う。家に上げるのがわかっていたらコートを脱ぐという理屈なんです。私が室内着のまま寒い玄関先まで出迎えているのに、おかしいじゃありませんか」

こんな勘違いをしている人は多いかもしれません。昔から「門を入らば笠を脱げ」という言葉があります。門を入ったところで笠を脱いで挨拶せよという意味です。コートや帽子などの防寒着は、玄関前で脱いでおくべきでしょう。

さて、脱いだコートをそのまま手に持つ人もいると思いますが、雨が降っていてコートが濡れている場合があります。そこで**コートを持つ際、左右の肩を合わせて裏返し、「裏たたみ」にしておく**のです。

こうすれば、コートの表面が雨などで濡れていても訪問先の床を汚すことはありません。

玄関に入ったら、手に持ったコートは乱れ箱（衣類を入れるための漆《うるし》塗りで、ふたのない浅い箱）などが用意されてあればそこに入れ、ない場合は下座の邪魔にならないところに置きます。玄関口では、一般に下駄箱がある側が下座になります。

出迎えの方が「お預かりしましょう」と声をかけてくれた場合には、礼を言って渡します。出迎える立場としては、乱れ箱が用意できない場合は、玄関先でお客さまのコートを預かるように、ひと声かける気配りがほしいところです。

ただし、預かったコートをかけるために玄関先から辞してしまうと、お客さまを取り残すことになってしまいます。コートを持ったままお客さまに対応し、応接間などに案内してから、コートをかけるようにします。

❖後ろ向きに靴を脱いではいけない理由

玄関先で靴を脱ぐとき、よく後ろ向きで靴を脱いで上がる人がいます。あとで靴の向きを変えなくてもすみますから一見、効率的に思えます。しかし、**後ろ向きに脱ぐことは、主人に背を向けることになります。**

まず、出迎えの方に「どうぞお上がりください」と声をかけられたら、正面を向いて、下座の足から脱ぎます。

靴を脱いで上がり口に上がったら、出迎えの方のほうに九〇度開き、玄関と平行になって跪座《きざ》になります。そこで靴をそろえて向きを変え、正面よりやや下座側に置きます。反対の手は指建礼になります。

逆に、出迎える側は、お客さまが下座側に靴を置いたときには、あとで靴を中央に戻しておくようにします。

そこで出迎えの方に、指建礼などで会釈をし、案内してくれるのを待ちます。

また、食べ物や生花などの**手土産を応接間に入ってから渡す人がいますが、生ものを応接間にそのまま持ち込むよりは、玄関先で渡すのが礼儀でしょう。**

❖扉に近い手を使って開ける

反対に、客を案内する場合も、簡単にふれておきましょう。

和室にお客さまを案内する場合、中央二枚の襖を開けてお客さまをお通しします。まず上座の襖を開いてから、下座の襖を開き、下座に跪座で控えてお客さまをご案内し、自分も入って襖を閉めます。

室内にお客さまを案内したあとに、自分一人が入退室する場合は、下座の襖から出入りします。立ったまま襖を開閉するとお客さまを見下ろす恰好になるので、跪座の姿勢で開閉するようにします。

洋室の場合、引いて開く扉では、外に控えてお客さまを案内します。扉に近い手で取っ手をもって開きながら引き、途中で手を替えて下がれば、自然に案内できます。

押して開く扉は、先に部屋に入って案内します。取っ手が右手にあれば、右手で開けて途中で左手に持ち替え、回りながら右手で内側の取っ手を持って案内し、扉を閉めます。

❖座布団にも裏表がある

さて、部屋に通されたら、洋室、和室を問わず、入り口に近いほうで主人を待ちます。

洋間であれば、椅子に座る前に挨拶をして、訪問の目的などを述べます。その後、主人に勧められた席に着きます。

上座の席を勧められた場合、昔の教えに「三辞三譲」という言葉があるように、一度は辞退するのが礼儀とされています。「三辞三譲」とは、三度辞退し、三度譲るという意味ですが、「時・所・相手」を考えて、二度の勧めで主人も客も判断したいものです。

和室で座布団が用意されていても、勝手にその上に座らず、座布団の下座に座って主人を待つのが作法です。また、**座布団には主人側の「ここにお座りください」という意図が込められたものなので、自分の都合で動かしてはいけません。**

案内の方に勧められて座布団に座っていた場合でも、自分がとくに上位者という状況でない限り、主人が見えたら、いったん座布団から下りて挨拶をすべきでしょう。

挨拶も、座布団の上で行う人が一般的に多く見受けられますが、座布団の下座脇で礼をしたほうがいいでしょう。

ちなみに、両面同じ柄に見える座布団にも裏表があり、前後があることはご存じですか。

座布団は綿を抜けにくくするため糸で綴じられていますが、その「綴じ房」があるほうが表です。最近の座布団には両面に房がついているものもありますが、その場合縁の縫い目に「被《き》せ」がかぶさっているほうが表になります。

また、座布団は長方形の布を二つ折りにして袋状にし、三辺を縫い合わせるので、一辺だけ縫い目がない輪になっています。そこが正面になります。

当たり前のようですが、座布団を使う場合には表を上に、正面の辺を前にして置きます。辞去する際に、自分が座っていた座布団を裏返しにする人を見かけますが、本来、表を上にして置かれているものを裏返しにするのはおかしなことなので、やめたほうがよいでしょう。

座布団の持ち方にもふれておきましょう。

大きいものや薄いものは表を上にし、正面を持って向こうに二つに折ります。親指を上に四指を下にして、両手で折った輪の部分をいったん持ち、次に右手を離して座布団の下に据えます。左手は左角に添えて持ちます。

厚いもの、小型の座布団は折らずにそのまま、右手を座布団の下に据え、左手は手前隅に添えて持ち出します。

❖気持ちが伝わる手土産の渡し方

手土産がある場合、菓子箱などを袋に入れたまま渡す人が多いと思います。**本来、手土産は風呂敷などで包んで持ってくることを考えれば、袋から出して渡すのが道理です。**

風呂敷（紙袋）を取って中の品物を取り出し、いったん膝前に置き、風呂敷（紙袋）を手際よくたたんでから品物を渡します。

風呂敷は大きく広げて品物を取り出すと、手際よくたたむのが難しくなります。品物が取り出せるだけの大きさに開き、品物を出したら遠い端を主人に風を送らないように手前に折り、次に遠いほうの端を取って再び手前に折り、順次小さくたたんでいくとスマートです。

品物を渡すときは、手元から直接渡そうとすると、落とすなど粗相のもとになります。

座っている場合は、やはりいったん跪座の姿勢になり、自分の膝前に渡すものを正面に置いてから向きを変え、手を添えて相手に進めるのです。

手を添えるとき、箱や小箱は手のひらを器の横につけますが、書籍のような薄いもの、細いものは両手のひらを畳につけ、屈体しながら人差し指と親指で押し出して進めるといいでしょう。

目の前に物を突きつけた形ではなく、屈体で低い位置で持つのがポイントです。

洋間の場合でも、品物を直接手渡ししたりするよりは、テーブルの上にいったん置き、向きを変えてから品物の横に手を添えて、屈体しながら押し進めたほうが、粗相もしにくいですし、動作の形から敬意を伝えることができます。

なお、品物を進められた側は、上位者は指建礼、または片手指建礼で受け、同輩の場合は折手礼で受けるか、物に手を添えて会釈します。

また、手土産をいつ渡すかですが、帰り際に渡すのではなく、挨拶のあと、椅子や座布団に座る前に渡します。

❖場を乱さないコートの着方、着せ方

一人で着るときは、主人の前で振り回してかぶるようにせず、体に沿うように風を起こさないように着ると美しい所作になります。両肩二カ所の衿を片手で持ち、もう片方の手を肩ごしに後ろに回し、両手で左右の衿を持って体に沿わせるように上げて肩にかけます。肩にかかったら、右手から袖を通します。

室内で着物を脱ぐ場合にも、できるだけ着物が体から離れないように手際よく脱ぐのが場を乱さない作法です。

両手で袖口を持って後ろに回し、肩から体に沿わせながら下げ、右手で両の袖口を取って静かに前に回します。

次に、左手に袖口を持たせて、右手で衿を取れば、簡単にきれいにたたむことができます。

和装の折には、お客さまに着せかける際、両手でコートの肩口を持って後ろから肩

にかけて、左手を袖に沿って袖口まで伸ばし、お客さまが手を通しやすいようにします。左の袖に手が通ったら、右手を通してあげます。

着せてもらう側は、肩にコートや羽織がかかったときに、右手で左の衿を持って左手を通します。

洋物のコートは袖口が狭いので手の先から通すしかありませんが、着物など袖口が広いものは、肘から袖を通します。左手が通ったら、その手で右の衿を持って、今度は右手を通します。

❖しずくが垂れない茶碗のふたの取り方

訪問先、打ち合わせ先などでお茶が出されるとき、茶碗のふたをパカッと真上に開ける人がいますが、ふたの裏にはしずくがついていますから、茶托にしずくが垂れてしまいます。

ふたは手前から向こうにふたを開けると、しずくが外に垂れないですみます。

なぜ、ふたを向こう側から開けないかというと、逆手になって手の動きが不自然になるからです。取ったふたは、飲み終わるまで茶托の下座脇に仰向けにして置いておきます。

右に茶碗がある場合は右手でふたを取り、右横にふたを置きます。

茶碗は、わしづかみにならないよう、親指を開くように茶碗の横を持つようにします。左に茶碗がある場合は、左手で茶碗を取り、膝の上で右手に持ち替えていただきます。

お茶をいただく際には、背筋を伸ばした正しい姿勢のまま、口もとまで茶碗を持っていってからいただきます。

口を茶碗を近づけるような飲み方は見苦しい所作です。膝の上にいったん茶碗を持ってきて、左手を糸底（陶磁器の底についている台の部分）に添え、姿勢を崩さないように体と平行に茶碗を上げて飲むと、美しくいただけます。

飲み終わったら、ふたを取ったときと逆の手順でふたをします。ふたをするのは「もう飲み終わりました」という合図になります。

なお、お茶を出されると、何も言わずにお茶を飲み始める人がいますが、あとの「食の作法」の項でも述べるように、「どうぞお召し上がりください」と主人に勧められるまでは手をつけるべきではないでしょう。

茶会などで抹茶をいただく場合、口に持っていく前に茶碗を回す流派もありますが、それはお客さまに茶碗の正面を向けて出すからです。**客人は正面に口をつけないように配慮して、茶碗を回してからいただくようにしているのです。**お茶の席だけでなく、本膳料理でも最後に抹茶が出ることがあります。回す回数も流派によってさまざまなようですが、一般的には一、二度回して、正面を避けられればいいでしょう。

上司やクライアントなどの目上の人と同席しているときは、目上の人が手をつけてからお茶をいただくのが作法です。

これは、喫茶店など外でお茶をいただく場合や、食事の場合も同じです。逆にいえば、客を迎える側が「どうぞ」と勧めてくれないと、お客は出されたものに口をつけられないのです。この点を迎える側も心得ておきたいものです。

❖お茶をいただくときの作法

①茶碗に近いほうの手を使って、親指と人差し指でつまみを持ち、ほかの指は伸ばし

てふたに添える。

②手前から向こうにふたを開け、茶碗の縁に沿って手前に回しながら傾けて、九〇度の位置で上に仰向けにする。

③仰向けにしたまま腿の上までふたを引いて、もう一方の手を添えて持ち替えて、茶托の下座脇に置く。

④茶碗を持つときには、右手の親指を手前、ほかの四本の指を向こうにして茶碗の横を持つ。

⑤お茶をいただく際には、背中を丸めたり、顔を前に出したりせず、背筋を伸ばしたまま口もとまで真っすぐ茶碗を運ぶ。腿の上にいったん茶碗を持ってきて左手を糸底に添え、上体と平行に茶碗を上げて飲むと、美しい所作になる。

⑥飲み終わったら、ふたを取ったときと逆の手順でふたをする。

❖お菓子をいただくときの作法

お茶受けとして、お茶と一緒に菓子が出てくる場合もあります。「甘いものが苦手だから菓子には手をつけない」という人もいるようですが、せっかく出してもらったものをそのまま残すのは失礼です。自分で食べられないのならば、持ち帰ってもかまいません。

①饅頭《まんじゅう》などの蒸し菓子、団子などの餅菓子は、添えられた楊枝などで二つまたは四つに切る。煎餅《せんべい》などの干菓子は、懐紙《かいし》を取り出して正面に広げて、その上で割ってからいただく。座っている場合は、懐紙に取ってから膝上に載せて、いただく。

②食べ残しの菓子は、懐紙に包んで持ち帰る。包み方は、左手で懐紙を下から受けて、右手で懐紙の手前を斜めに折り、次に左を折り、右を折り、向こう側を手前に折り、最後に余った部分を下に折り返す。

❖客にお茶を出すときの作法

お茶をいただくときに、茶托にしずくがこぼれていることがあります。これはお茶を注ぐときに茶托に載せたままにした証拠です。

茶托にお茶がこぼれているのは、お客様側の粗相になってしまいますから、お茶を注ぐときは必ず茶碗を茶托からはずします。茶托にお茶が回ると、お客さまが茶碗を持ち上げたときに、しずくが落ちたり、茶碗にくっついて茶托が持ち上がる恐れがあります。

そのほか、男性の場合は、自らお茶やお菓子を出す機会は少ないかもしれませんので、ここでは最低限の接客側の作法を簡単に紹介します。

客との位置関係（上座・下座）、身体や物の機能に反しない・粗相しない（安全面）ための合理的な身体の動作に注意して読んでください。

①お茶を入れる量は茶碗の八分目。ただし、お茶の種類により適量も適温も異なる。
②座卓があればお客さまの下座から進み出て、手前で跪座となり、膝行していったん自分の膝前に盆を置く。上座に盆を移してから、菓子皿を両手で取り、座卓の上に仮置きして持ち直し、客から遠いほうの手で進める。使っていない手は指建か折手。
③菓子と同様にして、お茶を進める。上座に菓子が原則だが、お客さまの左手側に菓子、右にお茶でもかまわない。客が複数の場合は、席の序列にしたがって、上座の

客から順番に出していく。

④座卓がない場合は、客の正面手前で跪座となって膝行で進み、いったん自分の膝前に盆を置いてから茶菓を進める。手を引くときは一方ずつ（女性の場合左、右の順）で行う。理由は両方の手を同時に動かすと粗雑になるから。テーブルの場合はサイドテーブルに盆を置き、下座脇から進める。

⑤お茶のお代わりは、改めて別の茶碗に入れる。注ぎ足しはしないのが本式ですが、注ぎ足す場合は茶托から外してください。

ビジネス・シーンの作法

ビジネス・シーンの作法といっても特別なものではなく、基本的にはここまで説明してきたことを応用すればいいことです。

名刺交換や社内を案内するときなど、お客さんやクライアントに対してどのように応対するか、一般のマナー本には紹介されていない身体づかいに注目して説明しましょう。

❖敬愛の心が伝わる「名刺の渡し方」があった

ビジネスでは名刺交換の場は頻繁に登場します。自分の第一印象を決める重要な状況なのに、それが意外とわかっておらず、知らず知らずのうちに失礼なことをしている方が大勢います。

お辞儀の項で、ただ頭を下げるのがお辞儀ではないという話をしました。

それにもかかわらず、名刺を渡すときは手だけを伸ばして差し出していませんか。

お辞儀のときのように、**屈体して名刺を渡せば、体全体で敬愛の念を表すことができます。**名刺を手だけで渡すか、体全体で渡すか、どちらがいいかは言わずもがなでしょう。

まず、名刺を受け取る相手から見て正面にくるようにして、名刺の両脇を両手で持ちます。背筋を伸ばした正しい姿勢から、屈体するにしたがって腕を前に出すようにして、名刺を差し出します。

このとき、高さは、相手の目の前ではなく、胸より下の低い位置がいいでしょう。高い位置では受け取りにくいですし、目の前に突きつけるような形になってしまうからです。胸より下のほうが相手が受け取りやすくなります。

名刺を差し出したあとや、相手が名刺を受け取るときに頭を下げる人もいるようですが、すでに屈体の礼を取っているので、それは不要な動作です。

お辞儀の項でも説明したように、心のこもったお辞儀であれば一度で十分、二度、三度と頭を下げるのはかえって誠意が伝わりません。

相手が名刺を受け取ったら、体を起こし、手を腿の横につけて正しい姿勢に戻ります。相手が名刺を差し出しても、渡した姿勢のまま受け取らず、一度姿勢を正してから、改めて屈体して受け取ります。受け取るときも両手でいただくようにします。

最近ではお互いに同時に名刺を差し出し、両手で受け渡しをする光景も見かけます。受け渡す時間の節約を狙ってあえて簡略化しているのかもしれませんが、明らかに同格の相手という場合でもない限りはお勧めできません。

名刺は相手を象徴するものでもあるので、いただいた名刺は大切に扱います。名刺を手にしたまま会話を進めたり、一度しまった名刺を途中で取り出して眺めたり、相手の目の前で名刺にメモ書きするようなことはしてはいけません。

もちろん、自分の名刺も自分の分身ですから、角が折れているものや汚れているものはもってのほかです。名刺入れを使わずに、財布や手帳などに入れっぱなしの人は論外としても、名刺入れも尻のポケットから取り出したのでは、相手に不快感を与えてしまいます。

❖名刺交換の作法

①相手が見えたら、椅子の下座側に立って姿勢を正し、一礼する。

②名刺入れから名刺を取り出し、両手で持って相手の正面まで進む。テーブルをはさんで渡すのは失礼。テーブルの脇に出て、適当な距離を取って相手と正対する。

③下位の者から名刺を差し出す。ただし、訪問した場合は訪問した側から差し出すが、訪問者が明らかに上位者である場合は、下位の者から渡す。上司とともにクライアント先を訪問するなど複数のときは、訪問した側の上位者から順番に、つまり上司がクライアントと名刺交換し終わるのを待って渡す。先方が複数いる場合も、上位者から一人ずつ交換する。

④受け取る相手の正面を向くように名刺を持ち替え、屈体しながら両手で差し出す。差し出す位置は胸より下のあたり。

⑤名刺を差し出すと同時に、挨拶の言葉と自分の名前や社名などをはっきりと述べる。

⑥相手が受け取ったら、体を起こすとともに腕も下ろし、元の姿勢に戻る。

⑦相手が差し出した名刺を、同じように屈体しながら腕を伸ばして受け取る。受け取るときに「頂戴《ちょうだい》します」などと一言かける。
⑧体を起こし、相手の名前、役職などを確認してから名刺入れにしまう。

❖一直線上に客の前を歩いてはいけない

取引先やクライアントの案内などで、お客さまの前を先導するとき、相手と一直線上に前を歩く人がいます。

これでは「客が後に従う」という形になってしまいます。そこで、下座側に避け、左斜め前を歩くようにするといいでしょう。

ところが、「客の左斜め前を歩く」と杓子定規《しゃくしじょうぎ》に覚えていると、その場の状況によって臨機応変な対応ができなくなってしまいます。

たとえば、屋外を歩く場合、お客さまに危険な車道側を歩かせないように、自分が車道側を歩くようにします。

階段を昇る際にも、右回りの階段の場合、お客さまに左側を歩かせると、外側を大回りさせることになります。お客さまが高齢のときなどは、相手に負担をかけないように、あえて手すりに近い右側を昇っていただくという配慮が大切です。

エレベーターを使う場合には、まず自分がエレベーターに乗り込み、扉を開けるボタンを押して扉前のスペースを開け、お客さまにエレベーター中央に乗ってもらいます。

目的階に着いたら、お客さまに降りていただいてから自分が降りて、また先に立って先導するといいでしょう。

❖杓子定規に上席を勧めない

一般に車内で座る席順については、右ハンドルの日本車の場合、運転席の後ろが第一席で、助手席の後ろが第二席、後方中央の座席が第三席、助手席が第四席といわれています。

大きな車ならいいのですが、車によっては中央の座席に段差があったりして座りづらく、三人で腰かけるとお客さまに窮屈な思いをさせてしまいます。狭い車に五人も乗せて序列をつくるのはどうでしょうか。

そこで、後ろに三人座るくらいならば車をもう一台用意したほうがいいでしょう。

また、最上位の席である運転席の後ろは、日本の場合、左側通行ですから右の扉は車道側になってしまいます。仕方なく左の扉から入ってもらい、車内の奥に押し込むようにして右側に移動させることになりますが、このような相手に負担を強いる行動は避けたいところです。とくに着物を着た女性やお年を召した方には酷ですから。

では、どうすればうまくいくでしょうか。

ホテルの前など、車寄せに余裕がある場所では車を右につけて、右後部の扉を開けて乗っていただきます。

どうしても左側にしか車をつけられない場合は、お客さまを先導し、安全を確認してから右に回って扉を開き、お客さまを車内に案内するとよいでしょう。

問題は、右の後部扉が開かないタクシーの場合です。お客さまと二人の場合はお客さまを後部座席に案内してから、自分は助手席に座るというのも一つの方法です。

お客さまが一人で接待する側が二人という場合、接待側の一人は助手席に座るとして、もう一人はどうするべきでしょう？　このような難しい場面では、相手の意向を伺うのが最も無難な方法です。

「どちらのお席がよろしいですか」

「私が奥に行きましょうか」

などと一声かけることによって、こちらの気遣いは相手に伝わるはずです。結果的に同じ行為であっても、一言あるかないかで、相手の受ける印象は異なります。

新幹線などで四人が向かい合わせに座る場合では、進行方向を正面にした窓側の席が第一位で、通路側が第二位、進行方向を背にした窓側が第三位、通路側が第四位になります。

窓側の第三位の席よりも通路側の第二位の席が上位になるのは、やはり進行方向を向いて座ったほうが快適に過ごせるからで、そこにも形式よりも相手に対する実際的な配慮を優先させる気持ちが込められているからです。

杓子定規に上座を勧め、形式的に礼を表すことが真の接待ではありません。その場の状況に応じて、相手に快適に過ごしてもらうことを第一に考えるべきでしょう。そのような「血の通った接待」であって初めて、相手の心にも響くのです。

第三章

「正しい作法で食べると健康になる」日本人の知恵

和食の作法

❖「ばっかり食べ」は行儀だけでなく体にも悪かった

正しい食事の作法というと、堅苦しくて、それをいちいち気にしていたのでは食事をおいしく食べられないと思っている人もいるかもしれません。

また、食事の作法とは、ただ周囲を気づかって粗相なく食べることと思われがちですが、それだけではありません。

じつは、**正しい作法で食べることは、長年の日本人の知恵で、健康にもつながることなのです。**

たとえば、好きなおかず（菜と呼ばれます）やご飯ばかり食べる「ばっかり食べ」

が無作法というのは、昔からよく知られている「食のしつけ」です。

菜を食べたらご飯、汁、ご飯と食べて、別の菜を食べるのが正しい作法。**おかずの間に必ずご飯をはさむことによって、おかずの味や香りが混ざらず、おいしくいただけます。**

たとえば、甘いかぼちゃの煮つけを食べたあとに、酸っぱい酢の物を食べたら、口の中はどうなるでしょう。香りも味も混ざってしまいますね。必ず主食であるご飯に戻すことによって、つくっていただいた料理を大事に味わっていただくことにもなります。

もうひとつ、このようなバランスのいい食べ方をすると、**「食べ物が発酵しやすく消化にもいい」**と栄養学の先生に伺ったことがあります。胃の中で食物が層状になって、消化に必要な各種の酵素もより活発に働くというのです。

ちょっとずつ順番にいただきますから、一度にたくさん食べるより少量でお腹がいっぱいになり、食べすぎも抑制されるわけです。

背中を丸めてガツガツとかき込むような食べ方は、消化に悪く、つい食べすぎてしまう原因にもなってしまいます。

口を閉めたまましっかりと噛んで食べる習慣がつくだけで、適量で満足でき、必要な栄養素をきちんと吸収することができるようになるでしょう。

また、背中を丸めた姿勢は胃腸を圧迫しますから、背筋を伸ばして正しい姿勢でいただくことも、胃腸に負担をかけず消化を助けることにつながるわけです。

❖なぜ、汁を手前に置くのか

みなさんのふだんの食卓では、お茶椀をどこに置きますか。尾頭つきの魚は左右どちら向きに置くかご存じですか。

以前、小学生向けに食事の作法についての講演を行った際に、同じ質問をしてみたことがあります。

「ご飯」と「味噌汁」、「主菜（ハンバーグ）」、「煮物（かぼちゃの煮つけ）」「酢の物（わかめときゅうりの酢の物）」の一汁三菜を描いたカードを用意し、子どもたちにお膳立ての配置を並べてもらいました。

すると、低学年の子ほど、お味噌汁をとんでもなく遠い場所に置くのです。

不思議に思って理由をたずねてみると、「お母さんに、お汁をこぼすから遠くに置きなさいと言われたから」。小さい子どもの場合、手前に汁椀を置くとこぼしやすいため、遠くに置くように教えるというのです。

そのほか、好きなハンバーグを手前に置く子もいました。正しくはご飯茶椀は左手前、汁椀は右の手前に置きます。

なぜかというと、先ほど食べる順番を説明したように、食べるときはおかずを食べたら必ず主食であるご飯に戻ります。箸を持つのは右手。そこで、最も手に取る頻度が高い主食であるご飯を取りやすい左手前に置き、ご飯とセットである汁物を右手前に置くのです。

❖洋食は汁から、和食はご飯から

洋式ではスープが最初に出てくるため、和食でも汁から手をつける人がいます。

先ほどの小学生たちに、最初にどれに箸をつけるかを聞いたところ、「お箸を濡らしてからのほうがご飯粒がつかないから、まずお味噌汁を飲む」と答えた子が何人かいました。

箸先を湿らせるために汁を飲む。一見、理にかなっているように思えますが、これが大きな間違い。食事は主食であるご飯が最初です。

次に、小学生に食べる順番を書かせてみましたら、汁物を飲んだあとに主菜を食べたり、煮物のあとに酢の物を食べたり……と、正解を答えられた子は、なんと二人だけでした。

「どうして、この二人の食べ方はいいと思う?」

と、ほかの子たちにたずねると、「ごはんを間に食べているから!」という答え。

「ごはんを間に食べないで、甘いかぼちゃを食べた後にきゅうりとわかめの酢の物を食べると、どうなるかな?」

「お口の中がグチャグチャになっちゃう!」

「お口の中のグチャグチャをなおすには、どうすればいいと思う?」

「ごはん!」

最初はバラバラの回答をしていた子どもたちも、このような説明しながら考えさせると、「ご飯を間にはさむ食べ方がいいんだ」と、ちゃんと納得してくれました。

❖なぜ「香の物は最後まで食べずにおく」のか

お膳の上にある料理はすべて食べていいわけではありません。中央にある香の物は食事が終わる寸前まで手をつけてはいけない、という作法があります。漬物や梅干などの香の物でご飯が進むことに慣れている現代人には信じられない作法かもしれません。

しかし、本式の日本料理（本膳料理）では、香の物は手をつけずに残しておいて、膳の最後に出されるお湯または水でいただきます。

ご飯茶椀にお湯を注ぎ、残った米粒を落とし、箸先を洗いながらいただくのです。塗り椀にいつまでも糊《のり》状のご飯がついていると、漆の器は傷んでしまいます。

こうすることによって、ご飯粒をひと粒も残さずに食べられ、お椀の中もきれいになるし、箸先もきれいになる、というわけです。

香の物を最後まで食べてはいけないというのは、食べ物を大切にするとともに、器を大切にする作法でもあったのです。

また、焼き物膳に置かれた魚を食べるのは、ご飯のお代わりをしてからです。

お代わりのことを「再進《さいしん》」といいますが、再進を請うときは、ご飯を一口残しておきます。

❖本当は合理的な「器のふたの開け方」の作法

料理が運ばれてくると、すぐにふたに手をかける人がいますが、主人から「どうぞ」と勧められる前に食べてはいけません。

「どうぞ召し上がりください」と声をかけられてから、「ありがとうございます」「恐れ入ります」と礼を言って、ふたに手をかけます。

一方、主人はお客さまがふたを取るまで自分の膳に手をつけることはせず、お客さまが複数いる場合には最上位者がふたを取るのを待ってから、ほかの者が手をつけるのが礼儀です。

ちなみに、あとで説明するように、食事が終わったら器にふたをしますが、ふたを戻すのもお客さまが行ってから。お客さまがふたをしないうちに迎える側がふたを閉めてしまったら、「早く食べ終われ」という意味になってしまいます。

さて、ふたの開け方の作法にも、身体機能から見た「理由」があります。

襖《ふすま》を開閉するときの作法を思い出してください。

膳の右にあるものは右手で、左にあるものは左手で取ります。ふたも右側にある器は右手で、左側にあるものは左手で取ります（本膳でいえば、飯椀とその向こうにある器は左手で、汁椀とその向こうにある器は右手で取ることになります）。

もしも**左側にある器を右手で取ろうとすると、おのずと手を交差させて無理な動きをすることになりますから、右のものは右手で、左のものは左手で、という作法は合理的である**ことがおわかりかと思います。

❖ふたは「回しながら」取る理由

飯椀やお吸い物のふたを取るとき、多くの人がそのまま真上に開けがちです。でも、そのやり方では、ふたを取るときに中の汁をこぼしたり、ふたのしずくが垂れてしまう危険性があります。

そこで、ふたを上にではなく、少し手前に開けて縁に沿って九〇度回しながら静かに取るのです。こうすれば、ふたのしずくが器の中に落ちますし、いきなり開けて器が倒れたりする危険もなくなります。

ふたの持ち方にも、落として傷めたりしないための作法があります。

一般には、親指とほかの指でふたの底（糸底と呼ばれます）の両端をつまむようにして持つ人が多いようですが、これではツルッと手がすべって、ふたを落としてしまうことになりかねません。

そこで、しっかり持つために、底の両端のふちをそれぞれ両側から指ではさむのです。

まず親指と人差し指でふたの底の片側（ふちの部分）をつまんでください。そして中指とほかの指で反対側の底をしっかりとはさみます。

いかがですか。この持ち方なら、指先に神経が行き届き、少々のことではグラつくことはありません。

なお、ふたが開けにくい場合は、ご存じのように、椀の上側を軽く抑えて中の空気

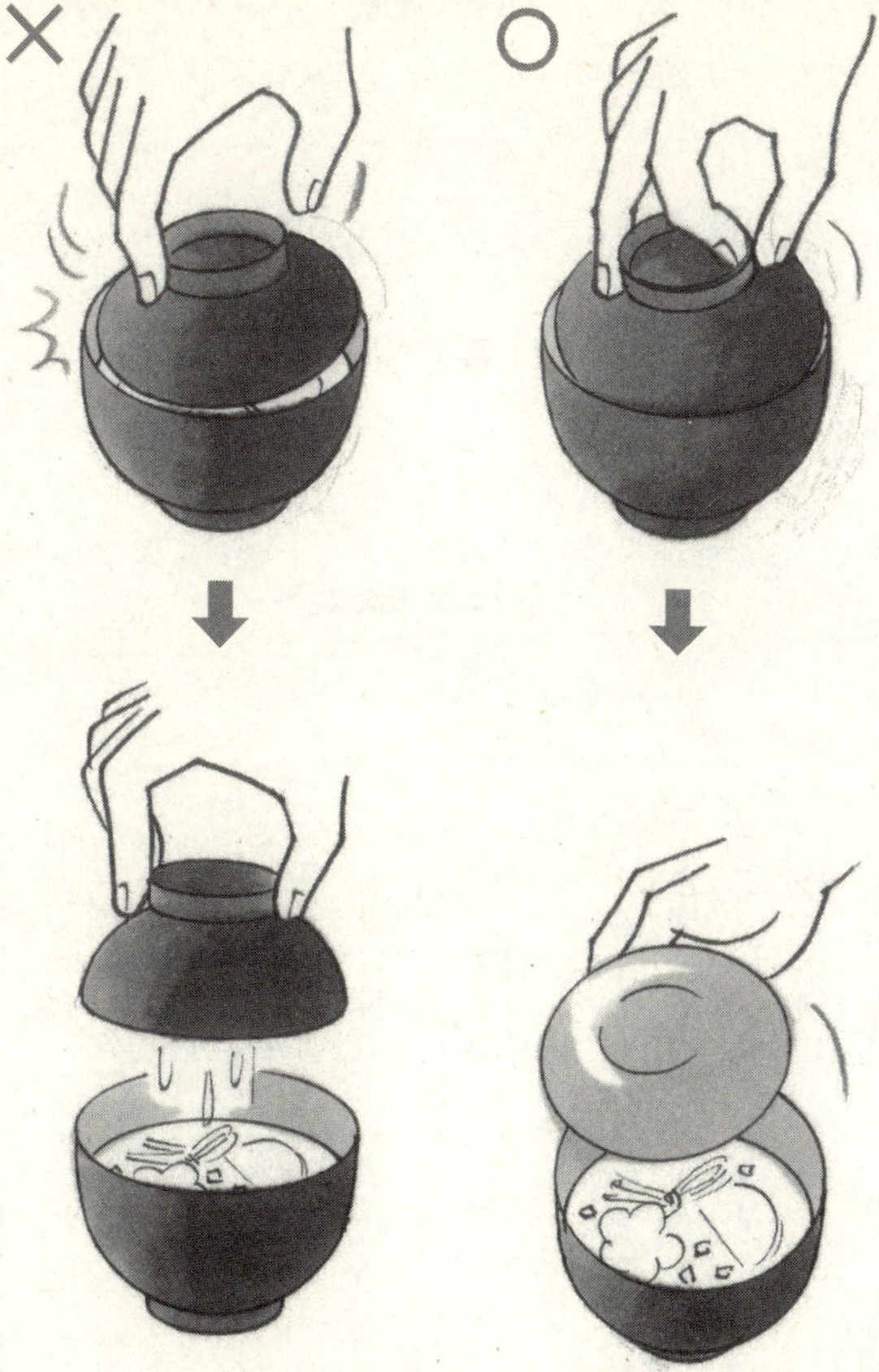

ふたをつまむようにして開けるのに比べ、両端のふちをしっかり指ではさみ込んで持った方が落とすリスクは低くなる。また、ふちに沿って回しながら開けることで、汁椀のしずくを垂らさないで済む。

本膳の配置

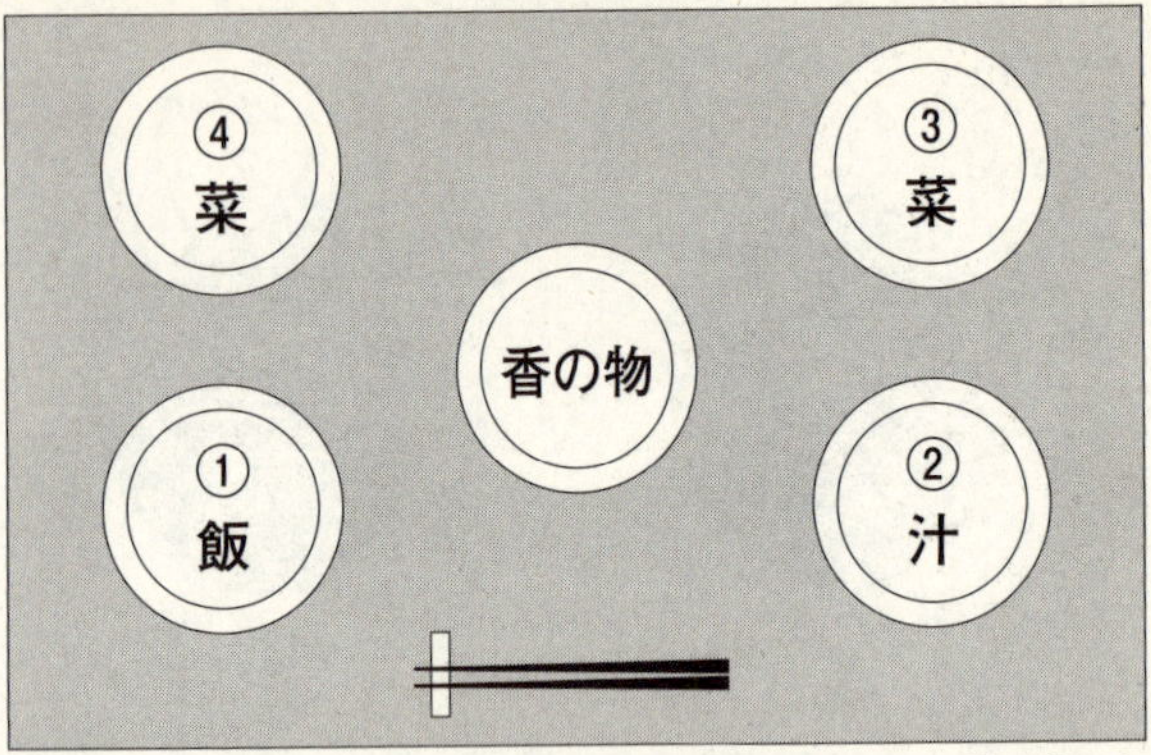

ふたは、①、②、③、④の順で開け、食事が終わったら、④、③…と逆の順で戻す。

を抜いてやると、簡単に開けることができます。

また、ふたを開ける「順番」があることはご存じですか。

飯椀、汁椀、汁椀の向こうにある器、飯椀の向こうにある器……と、逆時計回りに開けていきます。ちどりにしてバラバラに開けるより、自然でスマートな開け方といえます。

この順番は難しく考える必要はありません。**「食べる順番」と同じですから合理的です。** ちなみに、食事が終わってふたをするときは、逆の順番で、最後に飯椀にふたをします。

ふたを開けた手は、必ず膝もとに持

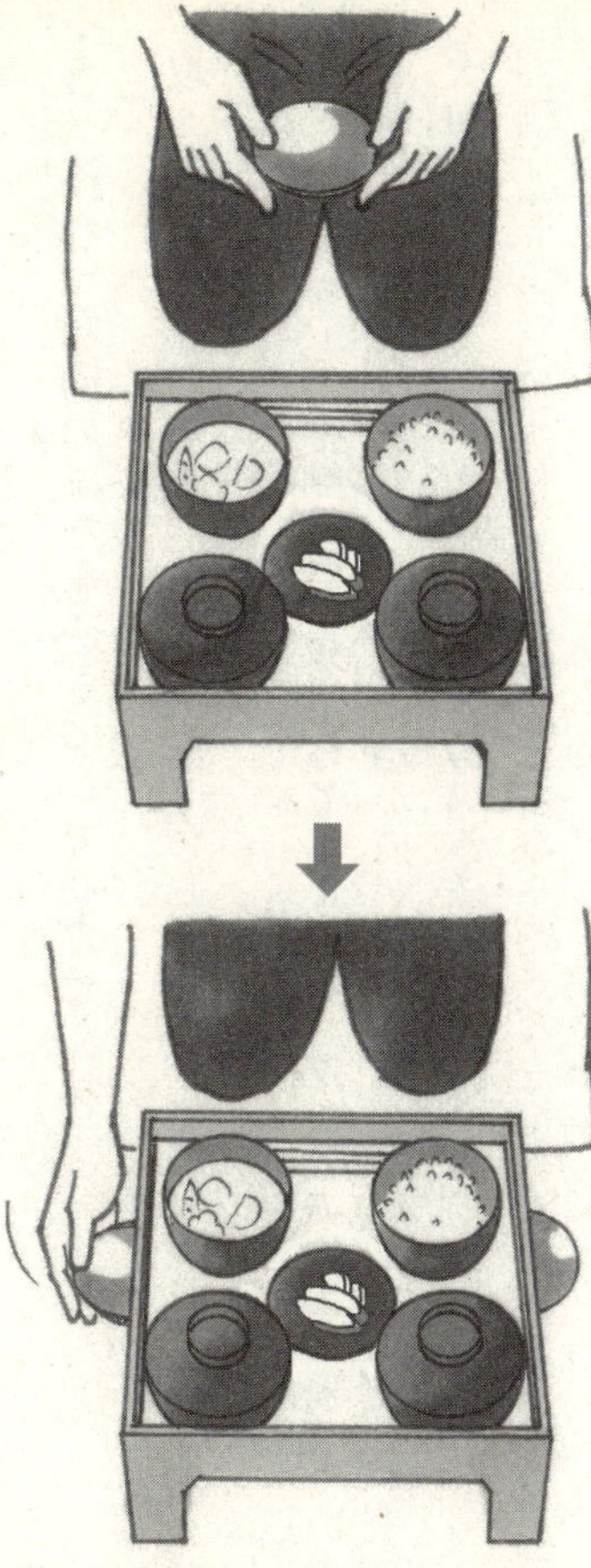

取ったふたは、膝もとまで引き寄せ、上向きにしてから膳の下に置くと粗相がない。また、いい塗りの器でも傷つけることなく、見た目にも美しくなる。

ってくることで粗相がなくなります。そして、(右手で取ったものは膝もとで左手を添え持ち直して右手で)、ふたを膳の下に、上向きにして置きます。

❖食べ終わった椀のふたを逆さにしていませんか

取ったふたとふたを重ねたり、下向きにして膳の上に引っかけたりする人がいますが、これは間違いです。

なぜかというと、**塗り物同士を重ねてしまうと、漆《うるし》などの細工に傷がついたり、塗りを傷めてしまうからです。**ふたに絵が描かれていると絵に傷がつきます。これも**器を大切に扱って、長く大事に使うための作法**なのです。

高価な塗り物の器を使っている一流料亭や割烹《かっぽう》などで、お給仕《きゅうじ》される方に運びやすいようにと、ふたの上にふたを重ねたり、お皿を重ねたりすると大変です。「出入り禁止」になってしまうかもしれません。少なくとも、心中穏やかではないはずですから注意してください。

同様に、**松花堂《しょうかどう》弁当など、ふたを逆さにして、重箱の下に敷いてはいけません。**

知人が、ある一流料亭で松花堂弁当をいただいたときのことです。その器はいい塗りのもので、ふたには家紋が入っていました。知人は正しい作法でふたを置きましたが、ほかの人は、弁当箱の底にふたを敷き、家紋がつくように置いていた。家紋は特注ですから、これに傷をつけてしまったら容易には直せません。それをわかってくれた、ありがとうございました、と料亭の女将《おかみ》に大変感謝されたそうです。

食事が終わったサインとして、ふたを逆さにして椀や器に伏せている人も見かけますが、ふたの表に塗ってある漆が傷ついてしまいます。

器を大切に扱うという礼の心に反するだけでなく、主人の持ち物を傷つける無礼な行為でもあるので、絶対に避けるべきでしょう。

❖「手皿」がマナー違反なのは、なぜ？

汁などがたれないよう、料理を落とさないように、箸の下に手を添えて口に運ぶ「手皿」。一見、上品そうに見えるしぐさですが、じつはマナー違反です。

「受け皿がないときの気遣いだと思っていたのに、なぜ？」とたずねる人には、逆に

私は、

「では、もし手にこぼれたら、どうするのですか？　なめるのですか」

と聞きます。

汁物の場合は「器を手に持つ」が正解です。汁気のない菜は直接箸を伸ばしていただきますが、手皿はしないこと。専用の受け皿がない場合には、飯椀のふたなどで代用するべきでしょう。

マナー違反といえば、食事中に一番目立つのは、肘をついたり、頭や顔をさわる人です。肘をつくのは作法の問題だけでなく、食べる姿勢も悪くなります。

基本的に、食事中にテーブルや膳につくことが許されているのは、「手首から先」のみだと覚えておいてください。

食べ物を口に入れたまま談話する人が最近増えていますが、不作法であることはいうまでもありません。

もし食べ物が口の中にあるときに話しかけられた場合、目礼して静かに飲み下してから話に応じるといいでしょう。また、相手の言葉に返答するときは、箸や器を膳に戻してから、手を腿の上に置いて返事をすると丁寧になります。

そのほか、口を開け閉めして音を立てて噛む、お茶や汁をズルズルとすする……など、周囲の顰蹙《ひんしゅく》を買う食べ方は枚挙にいとまがありませんが、口で息をせず、鼻で息をする基本の呼吸ができていれば、不要な音を抑えることができるでしょう。

❖和食の席での作法

最後に、全体の流れをまとめておきましょう。箸の使い方については次項で説明します。

①主人に勧められたら、礼を言って飯椀のふたに左手をかける。
②左手でふたを開けたら、膝もとに引き寄せて右手を添え、持ち直して膳の下の飯椀側に上向きにして置く。
③次に汁椀のふたを右手で取り、同様に膳の下に置く。
④汁椀の向こうにある器のふたを右手で取り、同様に汁椀のふたの向こうに置く。

⑤飯椀の向こうにある器のふたを左手で取り、同様に飯椀のふたの向こうに置く。
⑥箸を取って、箸構えの姿勢をとって感謝の意を表す。
⑦左手で飯椀を取り、二箸食べて膳に置く。飯椀の持ち方は、左手の親指を椀のふちに少しかけ、中指と薬指で糸底をはさみ持つ。
⑧箸を持ち替えて、右手で汁椀を取り、左手に据える。汁を吸ったら、箸を持ち直して実を食べ、また汁を吸ってから膳に戻す。箸先は汁で濡らさず、多く汚さないように注意する。
⑨もう一度飯を食べてから、汁の向こうにある菜を食べ、また飯を食べてから、飯の向こうにある菜を食べる。汁の向こうにある器は手に取らず、箸を伸ばして食べる。
⑩菜から菜へと移り食べることは避けて、間に飯を食べるようにする。
⑪飯のお代わり（再進）を請うときは、ご飯を少し残しておく。再進を待つ間は箸を膳に置いて待つ。
（給仕をする側は、お客さまの椀のふちに手がふれないように注意。再進で飯を盛るときは、椀の糸底を左手の人差し指と親指ではさみ、ほかの三指を添えて持てば粗相しない）

⑫焼き物膳の魚は再進のあとに箸をつける。

⑬食べ終わった器はふたをし、最後は飯と香の物で締めくくる。香の物は最後に飯を食べるときまで手をつけない。

⑭食事が終わったら、飯椀にふたをし、膳の中に箸を下ろす。

箸の使い方

❖感謝の気持ちを表す「箸構え」とは

食事の前に「いただきます」と箸を持って両手を合わせる人が多く見受けられますが、本来、感謝の表現は、「箸構え」と呼ばれる姿勢で表します。

まず、正座の姿勢から右手を伏せて、膳に置かれた箸の中ほどを取り、いったん腿の上に引き寄せます。左手を受けるかたちで添え、背筋を伸ばして正しい姿勢になります。この姿勢が「箸構え」で、「いただきます」という礼の代わりになるのです。

箸包みがあるときは、右手で箸を抜いて膳の右端にかけ、左手で取った箸包みを膳

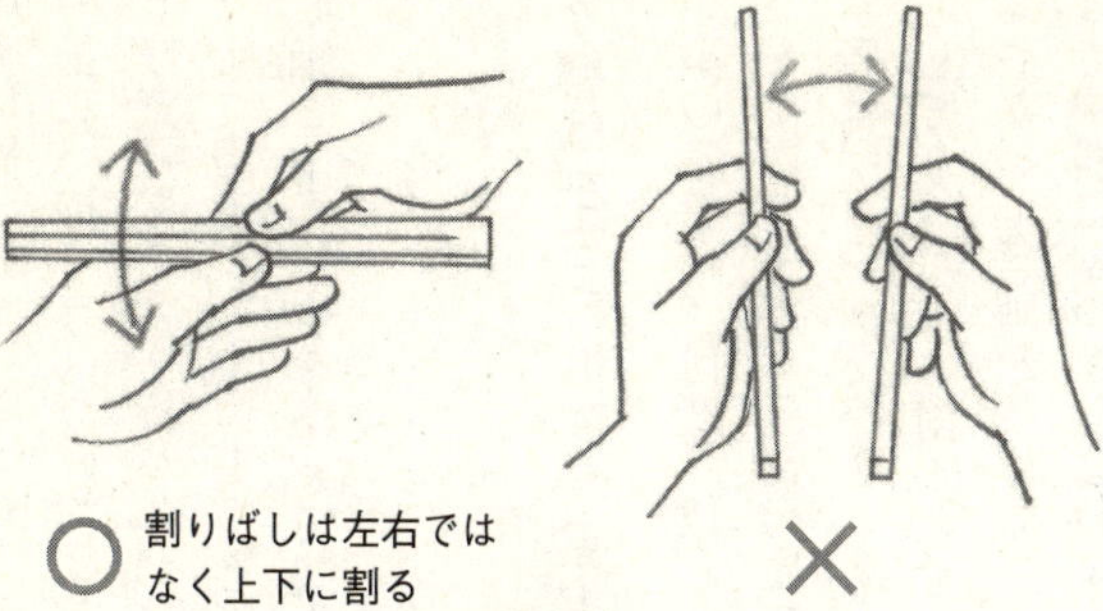

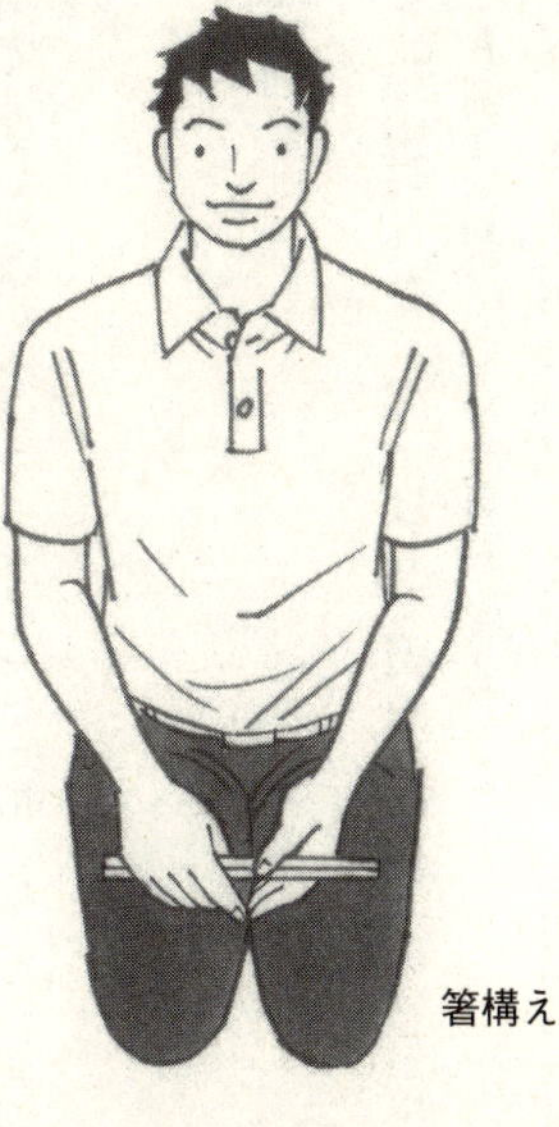

「いただきます」という感謝の表現は「箸構え」で表す。

の下座脇に置きます。そこから箸構えをするといいでしょう。

箸の正しい持ち方についてはここでは詳しくふれませんが、深く握らずに、筆を持つような気持ちで軽く持つのがコツです。下の箸は親指・人差し指の付け根と薬指の先で支えて固定します。上の箸は人差し指と中指でしっかりはさみ（これができずに、人差し指と中指二本を添えて親指ではさむ人が多いようです）、親指を軸にして動かします。

❖割り箸は左右ではなく上下に割る

祝い事の席では、何度も使える塗り箸ではなく、一度しか使わない白木の箸が出てくることがあります。接待の席でも割り箸が出てくる店もあります。

割り箸は、目の前でパチンと左右に割る人が大半です。口を使って片手で割るのは論外としても、左右に割ると手元が狂い、隣の人に手がぶつかるかもしれませんし、器にぶつかって料理をこぼしてしまう危険性もあります。

そこで、**器にぶつからないように膝もとまで持ってきてから、両手で上下に割りま**

す。

❖大多数の人ができない⁉　汁を飲むときの箸の持ち方

先ほど、お膳の左にある器は左手で、右にある器は右手で取ると繰り返し説明しました。では、右手で箸を持っているのに、右手にある汁椀を手に取るにはどうすればいいでしょうか。箸を普通に握ったまま器を持つのは、箸を落とすか、料理をこぼしてしまいそうで難しいでしょう。

そこで便利な技が、「箸の持ち替え」です（一五七ページの図）。膝もとで右手の箸を持ち替え、箸先を上にして握るようなかたちにするのです。

まず、箸を持っている状態から箸を重ね、右手の中指と人差し指で箸をはさみます。すると、親指が空きますから、親指を箸の下をくぐらせながら人差し指の横に据えます。次に中指と親指で箸をはさみ、空いた人差し指を箸の上を回して中指の横に据えるのです。

こうして持ち替えると、右手の親指と人差し指、中指で椀を取ることができます。反対に、箸を持ち直すときは、人差し指を戻してから親指を下からくぐらせて、正しい箸の持ち方のかたちに戻します。

文章で説明すると面倒なようですが、実際は意外に簡単ですので試してみてください。

箸の持ち替え、持ち直しは膝もとですみやかに行いますが、バランスよく行うには、箸の中ほどを持つとやりやすいでしょう。

汁物は、まず汁を吸ってから、箸を持ち直して実を食べ、また汁を吸ってお膳に戻すと品よく見えます。

❖箸の「置き方」に品性が表れる

食べ終わったあとの箸の置き方を見ると、その人の社会性や性格までがわかってしまいます。

お椀の上に箸を渡す人（「渡し箸」）、箸先を器にかけている人、箸が雑に放り出さ

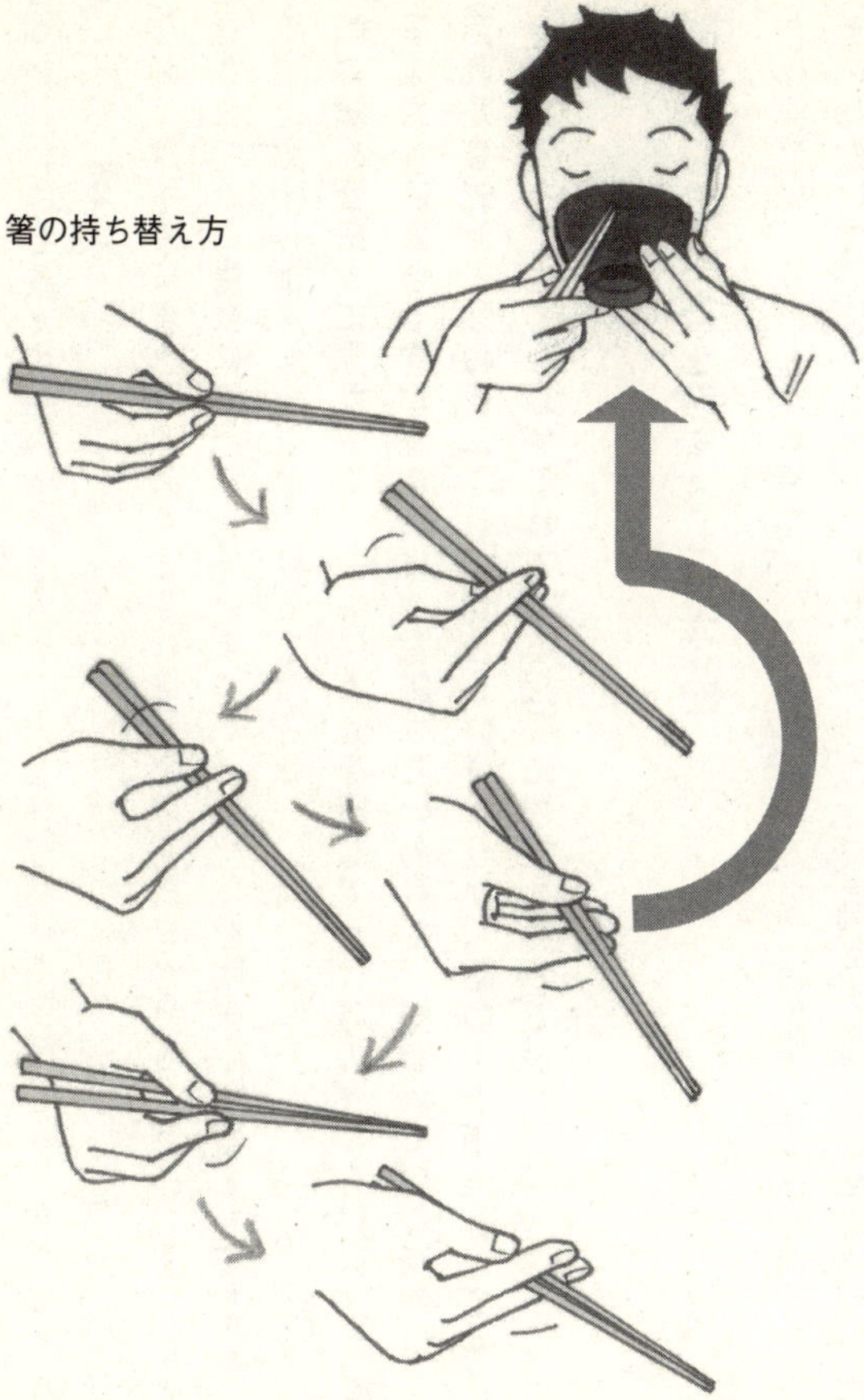

汁をいただくときは、箸を持ち替えると品よく、手もとのバランスも崩れない。

れている人……。さまざまですが、先ほども説明したように、まず、ふたは元に戻し、箸もきれいにそろえて膳の中に下ろすと、「この人はきちんとした人だな」と思われることでしょう。

なお、食事中に箸を膳に置くときには、膳の右端にかけるようにします。箸置きが用意されている場合にはそれを使いますが、箸全体を膳の中に落としてしまうと食事の終了を意味しますので気をつけてください。

膳の端を箸置きに見立てて、左端に箸先を出してかけるのが正しい作法だと思っている人も多いようですが、これは「左膳」といわれて、嫌われている所作です。汚れた箸先が周囲の目にふれて見苦しいばかりか、膳の上を不潔として避けているわけですから、もてなしてくれている相手にも失礼なのです。

❖間違った食べ方を教える「日本語」

昔は「箸先一寸」とか「箸先五分」などといって、箸先をなるべく汚さないことを教えられました。五分とは一・五センチのこと。箸の先を一・五センチしか汚してはいけないと教えたのです。

食べ物を一度にたくさんはさむほど箸の汚れる部分が増えます。また、汁を箸でかき回すことも汚れを目立たせます。最初に汁物で箸を湿らせてから食べる人がいますが、箸先を汁で汚すこと自体が慎みのないことでした。

また、大皿に盛られた料理を自分の箸で直接取ることは、「土足で入る」といわれました。他人の家に土足で踏み込むほど無作法だというわけです。直箸《じかばし》を嫌って、箸を反対にして取る人を見かけますが、箸の反対側まで汚すことと、手垢《てあか》のついた部分を使うことになるのでこれは避け、必ず取り箸を使うようにします。

そのほか、間違った箸の使い方、悪い食べ方には、昔から次のような名前がついています。

1　またもり……ご飯を茶碗の中で箸を押しつけていただくこと。

2　込み箸……たくさんの食べ物を、箸で押し込むようにしていただくこと。

3　移り箸……おかずである菜をいただいて、また次の菜へと箸を伸ばすこと。菜のあとは、必ずご飯や汁を取ってから、次の菜に移るのが原則です。

4　空箸……一度その菜に箸をつけながら、それを取らずに箸を手もとに引くこと。

5　惑い箸（迷い箸）……箸を菜につけて、食べようかどうか迷うこと。

6　箸なまり……箸を手に持ったまま、何を食べようかと膳の上をあちこち見回すこと。

7　探り箸……茶碗蒸などの蒸し物で、底に何があるのかと器の中を探ること。

8　舐《ねぶ》り箸……食べ物を口に入れたあと、箸先を深く舐ること。食べ物が口に入っていないときでも、箸先を舐めるのは慎むべき行為です。

9　にらみ食い……物を食べながら、手にした茶碗の上からあちこち眺めること。

10　受け吸い……汁やご飯のお代わりを受けて、直接口に運ぶこと。お代わりを受けたときは、いったん膳の上に置いてからいただくこと。お酒がこぼれそうになったとき、口を近づけて吸うことも受け吸いに属し、卑《いや》しいいただき方です。

11　膳越し……膳の向こうにある料理を、器に取らずに箸で取って直接口にすること。必ず器を手にして、いったん器に取り分けてからいただくようにしましょう。膳の向こうにあるものを、膳の上を通って手を伸ばして取ることも膳越しといいます。手を伸ばすときは膳の脇を通すようにします。

12 袖越し……右にある料理を左手で、左にある料理を右手で取ること。
13 諸《もろ》おこし……箸と器を同時に取り上げること。
14 犬食い……肘を食卓につけ、食器のほうへ口を近づけて食べること。

酒席の作法

❖高い位置でお酌を受けていませんか

「食事の前にお酒を頼む」というのは、最近当たり前の光景になりました。しかし、本来はお酒は食事のあとに出されるもので、食事の前に酒を飲むことは「乱酒」と呼びました。いつからか西洋の食前酒の影響などで、お酒が先になってきたのです。

お酌《しゃく》を受けるとき、みなさんはどうしていますか。「いただきます」とお礼を言いながら両手で受ける、と、ここまではいいのですが、両手を高く差し出すようにして受けている人を見かけます。

これはお酌をする側になればよくわかるのですが、非常に注ぎにくいものです。相

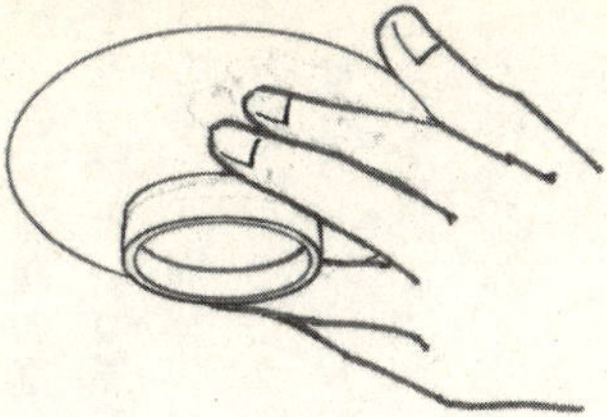

男性は左手、女性は右手に持って左手を添える

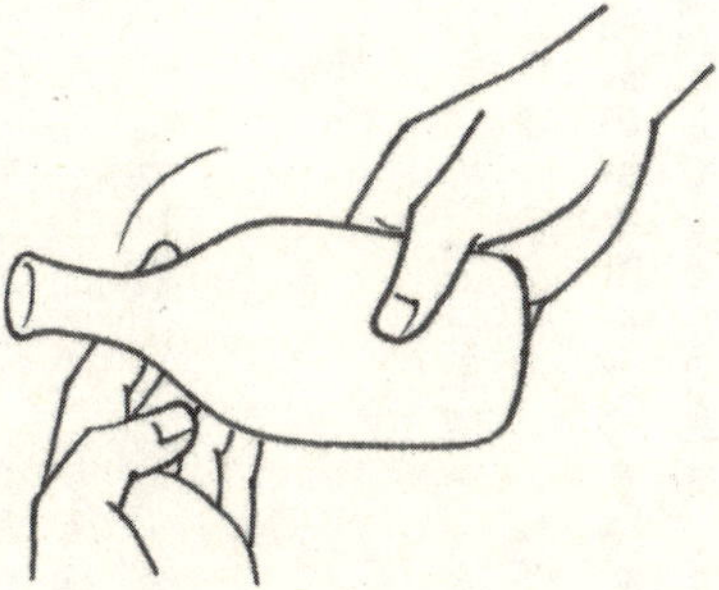

左手で量を調節して注ぐ

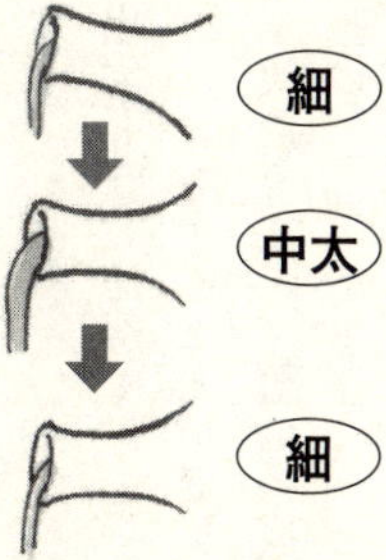

盃は、一般の持ち方に比べ、中指と薬指ではさむことにより、しっかり持つことができる。

手が高い位置ではなく、お膳の高さで盃を差し出してくれると注ぎやすくなります。

また、**お膳の高さで低く盃を出すと、体は自然に屈体になります。すると、「ありがとう」という気持ちを姿勢で示すことができるのです。**

さらに、屈体にすると手も伸びます。腕だけで盃を出すときと比べてみてください。より遠くまで手が伸びるので、お酒を注ぐ側はよりラクにお酌することができます。

お酒の盃の持ち方は、人差し指と親指ではさむのが一般的ですが、盃の糸底を中指と薬指の間にはさんでいただくと、品よく姿勢も崩れません。

なお、盃は、男性は左手、女性は右手に持つとされています。

❖「三三九度」の本来の意味

接待などでお酌をする場合、片手で日本酒を注ぐ人はいないと思います。

失敗しがちなのは、両手で持っているのに、ドボドボと一気に注いでしまうこと。

そこで、**右手で徳利や酒器のやや下の部分を持ち、左手の人差し指を首のところに添えて注ぐと、注ぐ量を調節しやすくなります。**これはビールなどの場合も同じです。

左手で受けることによって、たとえ手がすべっても瓶を落とさず、量も調節して注げます。

また、**お酒は、初め細く、中太く、最後に細くと調節して注ぐと、注ぎすぎたり、こぼしたりすることもなくなります。**

「鼠尾《そび》・馬尾《ばび》・鼠尾」（ねずみのしっぽのごとく、馬のしっぽのごとく、ねずみのしっぽのごとく）と形容されるこの注ぎ方は、婚礼の儀の「三三九度」にも見られます。お神酒を三度に分けて注ぐやり方です。

この**三三九度も、儀礼的な意味はありますが、本来は形式的なことではなく、粗相のないように、という場や相手への配慮、気づかいからきたものでもあったのです。**

徳利やボトルは、ラベルがついている正面を上にして注ぎ、お客さまに正面を向けて置きます。こうすれば、仮に注ぎ口からしずくが垂れても、お客さまの目にふれることはありません。

言わずもがなのことですが、いくらめでたい席のふるまい酒といっても、呂律が怪しくなったり、周囲からそうとわかるほど酔っぱらうことはみっともないものです。

では、もうお酒が飲めないのに、勧められてしまったらどうすればいいでしょうか。

無理して受けるのではなく、「結構です。ありがとうございます」と会釈すれば、自然に持っている盃やグラスは下がります。手を下げるのが「もういりません」という合図になります。

反対に、もう欲しくないのに、つい「どうも」と手を上げて「十分いただきました」と言う人がいますが、これでは言葉と体が逆の意味を表してしまいます。

また、お酒がまったく飲めない人は、最初に誰からの盃も受けないことです。一人でも受けると、「なんでオレの盃は受けられないのか」となってしまうからです。

コラム

和食の基本料理

時代劇などで、各自に高い脚がついた膳でもてなされ、大勢で食事をとる宴会の場面を見たことがある人も多いと思います。

これが本膳料理と呼ばれるもので、鎌倉時代に、御家人《ごけにん》が将軍に料理を献上する儀式から生まれ、武家の礼法が確立されるにしたがって、江戸時代に発展した日本料理の膳立てのひとつです。由来は、「饗応の膳」を略した袱紗《ふくさ》料理に始まり、時代とともに会席料理や懐石料理などにも変化して今日にいたっています。

本膳料理は、いまや格式ある料亭や冠婚葬祭にだけ見られるほどになってしまいましたが、これが和食の基本ですので、本膳料理の作法を知っていれば、どのような席でも困ることはないでしょう。

本膳料理には、一汁三菜、二汁五菜、三汁七菜、三汁十菜、七五三膳などの種類があります。

一汁三菜とは、汁が一種類で、菜（おかず）が三種類の献立です。二汁五菜とは、汁が二種類で、菜が五種類の献立のことです。主食である飯と、漬物などの香の物もつきますが、数には含まれません。

通常、家庭では汁物に焼き物、煮物、なますの一汁三菜、接待などのもてなしでは二汁五菜の料理が一般的です。そこで、二汁五菜の献立を例に説明しましょう。

二汁五菜は、正式には「本膳」、「二の膳」、「三の膳」、「吸い物膳」の順序で出されます。また、いまではお酒を出してから本膳を出す形式が多くなりましたが、本来は酒の肴《さかな》である吸い物膳のときに初めてお酒を出します。これを「一酒一肴」といい、酒と肴を交互に進めたものです。

「本膳」には、飯、汁物、香の物、平皿《ひら》、なます、箸をつけます。「二の膳」には二の汁、坪皿《つぼ》、猪口、「三の膳」には焼き物をつけます。

煮物などが平たい皿に盛られたものを「平（皿）」、深い器に盛られたものを「坪（皿）」と呼び、料理の内容を皿の形で示すのも日本料理の呼称の特徴です。

第四章

「冠婚葬祭」に生きる礼法

結婚式やお葬式、法事や神社参拝など、日本の伝統行事における作法には、単なる「決まり事」ではない、身体を使って表現された意味が隠されています。

たとえば、葬儀の場で拝礼するとき、神道では拍手をしますが、「忍《しの》び手」といって音は出しません。

これは、なぜでしょうか。故人を忍ぶとともに、音を忍ばせて冥福を祈るという意味からです。**音を出さないことを身体で表現することによって、忍ぶ（偲ぶ）心を表現しているわけなのです。**

宗教によって作法は異なりますので、すべては紹介できませんが、この章では一般に接することの多い冠婚葬祭の場での身体づかいに注目して説明します。

❖胸の前で手を合わせる理由

仏拝では、両の手のひらを合わせる合掌の礼が一般的な礼です。

背筋を伸ばした正しい姿勢から、両手に心を込めて、静かに前に持ち上げていきます。両手を上げていくと手は体の中央に向かっていくのが自然な動きですから、胸のあたりで手のひらが合います。両手に分かれていた心が手のひらが合うと同時にひとつに結ばれ、心と体は一致し、仏への祈りとなります。

合掌の礼では、左右の手のひらを少し膨らませ、指先は正しくつけ合わせます。肘を張らないように、静かに前腕を頭に近づけ、手首が肩と同じ高さになるくらいまで上げてから屈体するのが基本です。

合わせた親指の先が鼻先に向かうように肘を屈しつつ、あごを落とさないように上体をやや前屈します。

体を起こしながら、合わせた手を戻します。合掌の礼でも、吸う息で手を合わせ、吐く息の間とどまり、吸う息で戻るという礼三息は同じです。

仏前の線香の焚き方には宗派によっていろいろと違いがありますが、一般には折らずに二本対《つい》にして香炉に立てるとよいでしょう。

線香を取って蝋燭《ろうそく》の火で点じ、先端の火が消えてから立てるようにします。火を消すときに、吹き消すことを嫌って手で軽くあおったりして消します。線香を持った手を真下に軽く落とすようにすると、片手で品よく消すことができます。

火を点じるときは二本一緒でもかまいませんが、香炉に立てるときは一本ずつ立てます。

❖焼香のとき、手の甲を上に向けるわけ

仏式の葬儀では、焼香のかたちをとって仏前で拝礼します。本来、焼香の香は持参するものですが、最近はほとんど先方で用意されていると思います。

立礼で焼香する場合は、まず遺族の前に進んで一礼します。そのあと、香炉台の三歩手前まで進んで深い礼をし、仏前に向かって合掌礼をします。

合掌の礼から直ったら、香炉台までさらに三足進み出て、焼香します。

香を持参した場合は、懐中から香包みを取り出し、左手に香包みを載せて右手で広げます。香を右手の親指、人差し指、中指、の三本の指でつまんで焚き、再びたたんで懐中に納めるか、そのまま香炉台に供えます。用意されている香をいただく場合は、香炉台の右にある抹香をつまんで焚きます。

香をいただいて焚く回数は宗派によっても違いがあるようですが、一般には二度でも三度でもかまいません。三度焚く場合は、香炉の中央、向こう、最後に手前に焚き

ます。

指につまんだら、一回ごとにかかげます。香をいただくとき、香をこぼさないようにと手のひらを返す人もいるようですが、逆手になりますので、そのまま（手の甲を上に向けたまま）の方が手の形は自然できれいです。

焼香を終えたら、仏前を向いたまま三足退き、再び合掌の礼をしてから、足を下座に引いて向きを変えて帰ります。帰る際に、遺族の前を通る場合は、前に紹介した「前通りの礼」にならって、一番近い方の手前で礼をし、少し屈体したまま通りすぎるといいでしょう。

座礼の場合は、並んでいる遺族の一メートル手前で跪座となり、一番手前の方に一礼します。香炉台まで近ければそのまま膝行で進み、遠ければいったん立ち上がって座布団の一メートルほど手前で跪座となり、仏前に向かって合掌礼をします。跪座の膝行で進んで座布団に座って焼香します。

帰るときも、膝退で座布団から降りて下がり、合掌礼をしてから帰ります。遺族の前を通る場合は前通りの礼を欠かさないようにしましょう。

❖焼香の作法

①自分の番がきたら遺族の前に進み出て一礼する。
②香炉台の三足手前まで進んで深い礼をし、仏前に向かって合掌礼をする。
③香炉台へ三足進み寄って焼香する。右手の親指と人差し指、中指で香をつまんで、手の甲を上に向けたまま顔の前までいただき、香炉へ焚く。
④これを三度繰り返して焼香を終えたら、仏前を向いたまま三足退き、再び合掌礼をする。
⑤下座に足を引き、向きを変えて帰る。帰る際に遺族の前を通るときは前通りの礼で過ぎること。

❖なぜ、神前では柏手をするのか

神前の拝し方には、二段再拝、四段再拝、八段再拝などがありますが、神社によって異なります。

神社祭式での二段再拝は、まず二回礼をし、手を左右に開いて二回拍手し、最後に一礼を行う「二礼・二拍手・一礼」の作法となっています。

拍手とは、両手のひらを左右に開いて体の正面で打ち合わせることですが、手を打つ喜びの表情が、自分の誠を捧げる「誠意の表現」となったものです。

武家社会では、直垂《ひたたれ》のように袖の大きな袋束を着用した場合は、手を左右いっぱいに開いて拍手をしていました。しかし、現在のような洋服や着物を着ている場合には不自然であるため、手は左右に肩幅まで開いて拍手をします。

神拝のときは心を込めて拝礼を行い、拍手は手を正しく開いて両手の指を真っすぐにそろえて打ちます。手のひらをずらして打つのは人を呼ぶときです。神前ではふさわしくありません。

なお、先ほども述べたように、神葬の場合は、神霊に対する弔意、冥福を祈る心から忍び手といって、一年祭までは拍手の音を立てません。

仏教の葬礼で焼香をするように、神道の葬礼では玉串を捧げます。玉串は、もとは手向《たむ》け串といわれ、清浄の地を示す標木《ひょうぼく》であり、一般的に榊《さかき》の木を使います。玉串を捧げるのは、神に敬意を表し、神威を受けるために祈念を込めることなので、婚礼の神前式や地鎮祭などでも玉串が捧げられます。

神前での葬礼や祭礼の際、熨斗袋の表書きに「玉串料」「御榊料」と記すのは、「玉串を捧げるのに代えて」という意味です。

神官が持つ大きな榊の場合は根元を下にし、表を自分のほうに向けて縦に持ちますが、一般には小さな小枝を用いますので、横にして持ちます。本来は女性は右手で持って左手を添え、男性は左手で持って右手を添えるというのが原則でした。神官から玉串を受け取るときには、神官の手もとの下の部分を取り、玉串を持ったまま屈体の礼を行います。

神前に捧げる際は、三足手前で止まり、玉串を捧げて目の高さまで上げつつ、屈体の礼をします。これを玉串の礼といいます。

もとの姿勢に戻って三足進み、玉串を差すものがあれば両手で差します。ない場合は、梢《こずえ》を手前に返しながら右手を仰向けて梢を持ち、左手を添えて、八足台（左右に四本ずつ、八本の脚がついた祭祀に使う台）の上に表を向けて置きます。根元を神前に、梢を手前にして捧げます。

捧げ終わったら、上座の足から四足引いて、二段再拝し、退いて帰ります。

❖玉串を捧げるときの作法

①部屋に入ったら、まず遺族に礼をし、やや進んでから神官に礼をする。
②神官から玉串を受け取り、屈体の礼をする。
③神前に進み、三足手前で止まり、玉串を捧げて目の高さに上げつつ、屈体の礼をする（玉串の礼）。
④もとの姿勢に戻って三足進み、玉串を差すものがあれば両手で差す。ない場合は、梢を手前に返しながら右手を仰向けて梢を持ち、左手を添えて、八足台の上に表を向け、根元を神前に、梢を手前にして捧げる。
⑤上座の足から四足退き、二礼・二拍手・一礼の二段再拝をし、退き帰る。

❖慶事と弔事の「包み方」の違いを知っていますか

結婚祝金、お見舞金、香典、お布施……など、お金を包む場合、慶事のときと弔事のときとでは、紙の包み方が違うことはご存じですか。

祝儀など慶事のときは紙を二枚に重ねますが、香典など弔事の紙包みは、弔事が「重なる」ことを嫌い一枚にするのです。また、慶事のときは、着物と同様に右前に折りますが、弔事のときは反対に左前にします。

つまり、慶事の場合は、紙を二枚重ねにし、左に端を決めて内側を巻いて折り、紙幣を入れて上下の端を折ります。裏のあわせは下の折りが上になります。

一方、弔事の場合は、一枚の紙を使い、右に端を決めて巻いて折り、裏の合わせは、下の折りが下にするのです。

また、慶事と弔事では、包んだ紙を結ぶ水引《みずひき》の数も違います。紙の枚数（慶事は二枚で偶数、弔事は一枚で奇数）とは逆で、慶事は奇数、弔事は偶数になります。

冠婚葬祭に限らず、月謝や心付けなどでお金を渡すときも、現金は紙に包んで渡すといいでしょう。むき出しのままやティッシュに包んで渡すより、お礼の気持ちが伝わるはずです。

なお、紙は、半紙、糊入《のりいれ》、奉書の順に格が高くなります。紙には裏と表がありますが、表を使います。そして、紙の漉《す》き目が縦になるように、縦紙として使います。

コラム

おせち料理と贈り物の起源は同じだった

室町時代に確立されて以来、江戸時代まで日本伝統の作法として受け継がれてきた礼法ですが、時代が移ろい、人々の生活様式が大きく変わったため、現在では簡略化されたり、意味が失われ、形式だけ残っているものも少なくありません。

たとえば、贈り物や祝儀の慣習、節《せち》のお祝いなども、もとをたどれば神を祀《まつ》る行事に由来しています。

昔は節の日に、本家で神を祀る行事を行うとき、分家の人たちは神に捧げる供物《くもつ》を持ち寄って集まりました。その供物を神に捧げたあと、神のお下がりとしていただいた食事を「晴《はれ》の饗《け》」といいました。

日ごろ粗食であった人々が、この日ばかりはご馳走をいただく節の祝となり、家で留守番をしている人たちにも持参した重箱に料理を詰めて持ち帰り、ともにいただきました。この伝統は正月のお節料理として今日に残っています。

節の日に晴の饗として持参した供物の料理が、いつの間にか土産物や贈り物として酒や肴を持参する風習になりました。現在でも贈り物として酒、肴を贈るという風習は生きていますが、当時はほかの贈り物をする場合でも酒と肴を添えていました。

こうした酒肴《しゅこう》を添える習慣はしだいに省略されるようになり、代わりに神饌《しんせん》に供される薄くのしたアワビやスルメ、昆布などを添えるようになります。そしてさらに簡略化され、今日のような紙やプラスチックでの飾りとしての小熨斗となったのです。

熨斗は、薄く伸ばす「のす」という動詞が名詞化したのが語源といわれており、炭火の熱により布類などのしわを伸ばすために使われた、火熨斗《のし》というアイロンのような道具の名から取られたという説もあります。かつては実際に火熨斗《ひのし》でのしたアワビを熨斗鮑《あわび》と呼び、保存のきく高級食材として贈り物に添えていたのです。

鎌倉時代になると、贈り物をするときには台や折敷《おりしき》に載せ、目録を添えて進呈するようになります。こうした習慣は結納品としてコンブやスルメを贈り、目録を添えて台に乗せる結納の儀にそのまま残っています。

武家社会では、贈り物として馬や馬具、鎧《よろい》、太刀、衣服なども贈られるようになります。そして、贈り物をどのように美しく、意味があるように台に据えるかを示す作法として『陶器令』（器に陶《す》える作法）が定められ、贈り物があった場合にそれを披露する形もできました。婚礼のお祝い返しや土産物としての「引出物」という言葉も、馬を贈るときに庭に引き出して披露していたため、生まれた言葉といわれています。

また、この鎌倉から室町の時代には紙が普及し、実用的な紙も多く作られるようになります。紙の発達は、目録の書き方や物を包むしきたりなどの定着も促しました。

それまで魔除けとして贈り物を覆っていた紙が、紙の普及とともに物を包むためのものとして進化し、さらには包んだ紙を帯紙で留めるようになります。その帯紙は陰陽の思想を取り入れた「水引」となりました。

こうして時代を追っていくと、贈り物に酒や肴を添えたことが後の熨斗となり、水引を生み、今日の熨斗袋や熨斗紙の形式が完成されたことがわかります。

熨斗は酒肴の代わりなので、当然のことながら酒や肴（卵、鳥、魚、肉など）の贈り物に小熨斗を添えるのはおかしなことです。

熨斗袋の表書きは目録に記すべきことを書くものなので、水引の中央部に品名（酒肴料、御車料、御供物料など）、下部中央に数量（参萬圓など）、向かって左に自分の名前を書きます。近年の熨斗袋には「寿」「御霊前」などと印刷されていますが、由来からすると正しい書式ではないのです。

同じように、熨斗は酒肴を添える代わりであり、水引は結ぶものであることを考えれば、今日多く見られる小熨斗や水引を印刷した熨斗袋や熨斗紙は、「絵に書いた餅」といえるでしょう。そもそも、贈り物は間柄が疎遠にならないための気遣いから生まれたものです。贈り物の際にはその原点となる心を知り、それを伝えるためには、「形式」ではなく気持ちのこもった「かたち」で表すことが求められるのではないでしょうか。

おわりに

本書を読まれた方は、もうお気づきでしょう。どうも巷《ちまた》にあふれているマナーブックとは、これは違う。あるいは、冠婚葬祭や上司宅への訪問、格式あるお店での食事を控えられて、恥をかかないための作法をちょっと習っておきたかったという方には、すぐにお役に立つ本とはいえないかもしれません。

礼法というと形式ばった堅苦しいものを想像される方が多く、逆に言えば、「形」を覚えれば、その場をしのげるものと思われている方も多いと思います。

しかしながら、それは鋳型《いがた》としての「型」であって「形」ではありません。

「型」は稽古の手段であって、小笠原が永きに渡って伝えてきた「形」とは、自然に学び、多くの経験に培われた「型」に心血を注いで稽古し、「当たり前のことを当たり前に行うことができる、常識的な正しい生活態度と行動」を身につけることなのです。

そもそも小笠原流礼法は、武家礼法を基盤としています。

武家の礼法とは、武士が殿上《てんじょう》に上がった際の礼法ということです。

また、当然、武士のことですから、いざ戦時となれば、主人、家族、領民を守るために命を賭《と》して戦わなければならない存在です。

したがって、小笠原流の礼法は、それだけで独立したものではありません。「弓馬術礼法小笠原教場」の名に表されるように、弓馬術と礼法は、固く結びついて切り離せないもので、礼法はその最も基本になるものとお考えください。

武士として、日頃の何気ない「立つ、座る、歩く、廻る、お辞儀をする、物を持つ」という動作のなかで足腰を鍛え、自然の理法に従い、物に添うことを常に意識して、命運を分けるかもしれない殿上において粗相のないよう、作法を学んだのです。

小笠原流では「実用・省略・美」を基本的な考え方として、これを「時・所・相手」

に対して臨機応変に対応させることを理想としています。そのために、飽くことなく「正しい姿勢」と「正しい動き」を繰り返し稽古することが、小笠原流礼法の全てといってよいでしょう。

武家の礼法は実用的、効用的なものであって、人間の身体の機能、物の機能を理解した上で、なぜそうするのか、そうあるべきなのか理論に裏付けされたものでなければなりません。

そこには無駄な動きの入る余地はなく、必要最低限の機能を用いることが大切なのです。そしてそれが何気なく自然にできるようになってこそ、その「仕草」が、見る人には美しく調和がとれていると感じられるのです。

『弓はただ　射てみせたても無益なり　何とも無くて気高きぞ良き』

たとえば、「三つ指」をついてお辞儀することに、何らかの機能による理論の裏付けがあるでしょうか。小笠原流礼法では、これを「無駄」とします。

「平、品に構えて」という言葉がありますが、平は常の状態で、品に構えるとは「し・

・なを作る」ことです。自分をよく見せようとして、かえって心が離れ、品格を失った嫌味な姿となります。よく「見せ場を作る」ともいいますが、この姿になりかねません。いかに気張って作ってみても、所詮《しょせん》、作ったものは心の浮き立ちが体に現れると戒めています。平らな常の状態こそ理想なのです。

読者の方のなかには、さっそく「立つ」（正座から立つ）を試された方もおられるかと思います。いかがでしたか？　小笠原教場では、弓術を学びたいと訪れた方にも、まず、この「立つ」を稽古していただきます。

たいていの方が、十数回ほどで弱音を吐かれますし、一度として正しく「立つ」ことができません。しかしながら「立つ」こともできない人に、弓が引けるでしょうか。武家の礼法とは、そういうものなのです。

小笠原家には「稽古に対して口伝《くでん》すべし」という歌訓があります。

『中々に里近くこそなりにけれ　あまりに山の奥を尋ねて』

論語にも「道は近きにあり、これを遠きに求む」と示されています。日常の行動は「時・所・相手」に合わせて、当たり前のことが当たり前にできればよいのですが、それが、いかにも上手であるとか、難しいと感じさせるようでは、それはまだ無理のある行動なのです。誰が見ても普通にできそうだという行動が、いざやってみると、なかなかできない。そこに真髄があります。

日々の稽古を怠らず、積み重ねていくことが大切で、一生が稽古であるといえます。

小笠原　清忠

本書は二〇〇八年に小社より新書判で刊行された『小笠原流礼法で強くなる日本人の身体』を改題し、加筆・修正をしたものです。

青春文庫

日《に》本《ほん》人《じん》の9割《わり》が知《し》らない 日《に》本《ほん》の作《さ》法《ほう》

2016年12月20日　第1刷

著　者　小《お》笠《がさ》原《わら》清《きよ》忠《ただ》

発行者　小澤源太郎

責任編集　株式会社プライム涌光

発行所　株式会社青春出版社

〒162-0056　東京都新宿区若松町 12-1
電話 03-3203-2850（編集部）
03-3207-1916（営業部）
振替番号　00190-7-98602

印刷／大日本印刷
製本／ナショナル製本
ISBN 978-4-413-09660-7

最新ポケット版
農薬・添加物は わが家で落とせた

野菜、果物、肉、魚、加工食品、調味料、お菓子…不安な食品も、これなら安心。すぐに使える自己防衛法。

増尾 清

(SE-652)

一生得する！ 役に立つ！
できる大人の時間の習慣

「時間がない」のは、すべて思い込みです！ スケジュール管理、目標設定、段取り……ムダなく、無理なく、最短で結果が出せる！

ライフ・リサーチ・プロジェクト［編］

(SE-653)

すべては感情が解決する！

振り回されない、巻き込まれない、心の整理法

感情的な人に振り回されがちな人、自分の感情がコントロールできなくなる人、必読の一冊。「感情免疫力」を高めて、心をラクにする方法

リズ山崎

(SE-654)

図解
「哲学」は 図で考えると面白い

生きるとはなにか、幸せとはなにか、自分とはなにか…この一冊で、哲学の「？」が「！」に変わる！

白取春彦［監修］

(SE-655)

服が片づくだけで暮らしは変わる

広沢かつみ

なかなか捨てられないモノNo.1の服。
これを整理するとクローゼットもタンスも
見通せるから部屋も心もスッキリします！

（SE-656）

戦国の世を生き抜いたおんな城主の素顔！
井伊直虎と徳川家康

中江克己

次郎法師・直虎の数奇な運命と、
家康との知られざる深い縁とは…
この一冊で大河ドラマがグンと面白くなる！

（SE-657）

図説 「生きる力」は日本史に学べ
一人の男に注目してこそ、人生はおもしろい

加来耕三

戦乱の世を生き延びた真田昌幸の「戦略力」。
誰よりも強く優しい男・西郷隆盛の「人間力」。
…日本史を通して生きる知恵が身につく！

（SE-658）

1分で体と心がラクになる
指ヨガ呼吸法

龍村 修

頭痛、肩こり、疲れ目、腰痛、ひざ痛、
不眠、イライラ…
「息を吐く」だけでもっと、早く、深く効く！

（SE-659）

ほんとうのあなたに出逢う ◆ 青春文庫

日本人の9割が知らない
日本の作法

本来の作法は、動きに無駄がないから美しい！
小笠原流礼法の宗家が明かす、
本当はシンプルで合理的な「伝統作法」の秘密

小笠原清忠

(SE-660)

※以下続刊